HOLDING
FAMILIAR
NA PRÁTICA

O GEN | Grupo Editorial Nacional – maior plataforma editorial brasileira no segmento científico, técnico e profissional – publica conteúdos nas áreas de ciências sociais aplicadas, exatas, humanas, jurídicas e da saúde, além de prover serviços direcionados à educação continuada e à preparação para concursos.

As editoras que integram o GEN, das mais respeitadas no mercado editorial, construíram catálogos inigualáveis, com obras decisivas para a formação acadêmica e o aperfeiçoamento de várias gerações de profissionais e estudantes, tendo se tornado sinônimo de qualidade e seriedade.

A missão do GEN e dos núcleos de conteúdo que o compõem é prover a melhor informação científica e distribuí-la de maneira flexível e conveniente, a preços justos, gerando benefícios e servindo a autores, docentes, livreiros, funcionários, colaboradores e acionistas.

Nosso comportamento ético incondicional e nossa responsabilidade social e ambiental são reforçados pela natureza educacional de nossa atividade e dão sustentabilidade ao crescimento contínuo e à rentabilidade do grupo.

RICARDO PEREIRA **RIOS**

HOLDING FAMILIAR
NA PRÁTICA

- O autor deste livro e a editora empenharam seus melhores esforços para assegurar que as informações e os procedimentos apresentados no texto estejam em acordo com os padrões aceitos à época da publicação, *e todos os dados foram atualizados pelo autor até a data de fechamento do livro*. Entretanto, tendo em conta a evolução das ciências, as atualizações legislativas, as mudanças regulamentares governamentais e o constante fluxo de novas informações sobre os temas que constam do livro, recomendamos enfaticamente que os leitores consultem sempre outras fontes fidedignas, de modo a se certificarem de que as informações contidas no texto estão corretas e de que não houve alterações nas recomendações ou na legislação regulamentadora.

- Data do fechamento do livro: 30/04/2024

- O autor e a editora se empenharam para citar adequadamente e dar o devido crédito a todos os detentores de direitos autorais de qualquer material utilizado neste livro, dispondo-se a possíveis acertos posteriores caso, inadvertida e involuntariamente, a identificação de algum deles tenha sido omitida.

- **Atendimento ao cliente: (11) 5080-0751 | faleconosco@grupogen.com.br**

- Direitos exclusivos para a língua portuguesa
  Copyright © 2024, 2025 (2ª impressão) *by*
  Editora Atlas Ltda.
  Uma editora integrante do GEN | Grupo Editorial Nacional
  Travessa do Ouvidor, 11
  Rio de Janeiro – RJ – 20040-040
  www.grupogen.com.br

- Reservados todos os direitos. É proibida a duplicação ou reprodução deste volume, no todo ou em parte, em quaisquer formas ou por quaisquer meios (eletrônico, mecânico, gravação, fotocópia, distribuição pela Internet ou outros), sem permissão, por escrito, da Editora Atlas Ltda.

- Capa: Manu | OFÁ Design

- Imagem de capa: turk_stock_photographer | iStockphoto

- Editoração eletrônica: Padovan Serviços Gráficos e Editoriais

- Ficha catalográfica

CIP-BRASIL. CATALOGAÇÃO NA PUBLICAÇÃO
SINDICATO NACIONAL DOS EDITORES DE LIVROS, RJ

R453h

Rios, Ricardo Pereira
Holding familiar na prática / Ricardo Pereira Rios. - 1. ed. [2ª Reimp.] - Barueri [SP] : Atlas, 2025.

Inclui bibliografia e índice
ISBN 978-65-5977-630-6

1. Empresas familiares - Brasil. 2. Empresas familiares - Sucessão. 3. Holding companies. I. Título.

24-91415

CDD: 658.045
CDU: 658.114:657

Gabriela Faray Ferreira Lopes - Bibliotecária - CRB-7/6643

SOBRE O AUTOR

Ricardo Pereira Rios atua na área Contábil Tributária há 25 anos, tendo sido dirigente de diversas entidades. Doutor em Educação e mestre em Ciências Contábeis pela Pontifícia Universidade Católica de São Paulo (PUC-SP). Pós-graduado em Gestão Empresarial pela Universidade Nove de Julho (UNINOVE). Bacharel em Ciências Contábeis pela Faculdade de Administração e Ciências Contábeis de São Roque (FACCSR). Professor universitário, coordenador do curso de Ciências Contábeis e diretor acadêmico do Centro Universitário de São Roque (UNISR). Participa e participou como dirigente de diversas entidades da classe contábil.

RECURSOS DIDÁTICOS

Para facilitar o aprendizado, este livro conta com o seguinte recurso didático: QR Codes com *links* diversos para conteúdos adicionais.

Para acessá-los, é necessário ter um leitor de QR Code instalado no *smartphone* ou *tablet* e posicionar a câmera sobre o código.

SUMÁRIO

INTRODUÇÃO, 1

Capítulo 1
***HOLDING* E O PLANEJAMENTO SUCESSÓRIO,** 5

- **1.1** Introdução, 5
- **1.2** Sucessão Familiar, 5
- **1.3** *Holding* Familiar, 7
- **1.4** Natureza Jurídica, 10
- **1.5** Receitas da *Holding*, 12
- **1.6** Usufruto, 12
- **1.7** Cláusulas Importantes, 14
- **1.8** Sócios, 15

1.9   Distribuição de Lucros, 15
1.10   Obrigações Acessórias da *Holding*, 15
REFERÊNCIAS, 16

Capítulo 2
CONTRATO SOCIAL INICIAL, 17

2.1   Introdução, 17
2.2   O Contrato Inicial – Exemplo, 18
REFERÊNCIAS, 30

Capítulo 3
IMPOSTO DE TRANSMISSÃO DE BENS IMÓVEIS, 31

3.1   Introdução, 31
3.2   O Imposto, 32
3.3   O Tema 796 do Supremo Tribunal Federal, 36
3.4   Vale a Pena Solicitar a Imunidade do Imposto de Transmissão de Bens Imóveis?, 39
3.5   Modelo de Requerimento de Imunidade, 39
REFERÊNCIAS, 42

Capítulo 4
O REGISTRO DE IMÓVEIS, 43

4.1   Introdução, 43
4.2   Como Orçar o Valor do Registro dos Imóveis, 45
4.3   Descrição dos Imóveis no Contrato Social, 49
4.4   Modelo de Requerimento de Registro, 52
REFERÊNCIAS, 52

Capítulo 5
IMPOSTO DE TRANSMISSÃO *CAUSA MORTIS* E DOAÇÃO, 55

5.1   Introdução, 55
5.2   O Imposto, 55
5.3   A Doação das Cotas da *Holding*, 65
        5.3.1   Vantagens, 65
        5.3.2   O Processo, 66

5.3.3 Regras ITCMD – Estado de São Paulo, 67
5.3.4 Exemplo Prático, 68
REFERÊNCIAS, 77

Capítulo 6
DOAÇÃO DAS COTAS DA *HOLDING*, 79

6.1 Introdução, 79
6.2 Principais Cláusulas de Sucessão, 80
REFERÊNCIAS, 97

Capítulo 7
COMO FICA O IMPOSTO DE RENDA DA PESSOA FÍSICA?, 99

7.1 Introdução, 99
7.2 Exemplo de Ajustes nas Declarações de Imposto de Renda Pessoa Física, 100
7.3 Pontos Importantes, 106
REFERÊNCIAS, 106

Capítulo 8
ASPECTOS CONTÁBEIS E TRIBUTAÇÃO DA *HOLDING*, 107

8.1 Introdução, 107
8.2 Classificação Contábil, 108
8.3 Tributação de Aluguéis e Vendas, 112
    8.3.1 Estoques (Ativo Circulante), 113
    8.3.2 Ativo Imobilizado (Ativo Não Circulante), 114
    8.3.3 Propriedade para Investimentos (Ativo Não Circulante), 114
8.4 Efeito Fiscal da Classificação, 116
8.5 Lucros Apurados, 117
8.6 Obrigações Acessórias, 118
8.7 Exemplo Prático de Tributação, 118
REFERÊNCIAS, 121

Capítulo 9
ESTUDO E ORIENTAÇÃO PARA ELABORAÇÃO DA *HOLDING*, 123

9.1 Introdução, 123
9.2 Como Elaborar o Estudo de Custos para o Cliente, 125
9.3 Pontos de Atenção, 130

9.4 Sugestão de Cronograma para Elaboração da *Holding*, 131
REFERÊNCIAS, 132

Capítulo 10
EXEMPLO PRÁTICO COMPLETO DE ELABORAÇÃO DE UMA *HOLDING*, 133

10.1 Introdução, 133
10.2 Dados para o Desenvolvimento Prático, 133
10.3 A Elaboração da *Holding*, 138
REFERÊNCIAS, 172

ÍNDICE ALFABÉTICO, 173

INTRODUÇÃO

É com imensa satisfação que apresentamos aos leitores esta obra prática sobre *holding* familiar.

As *holdings* existem há muito tempo: a primeira data de 1889, criada por John Rockefeller, nos Estados Unidos. De lá para cá, foram bastante desenvolvidas por grandes grupos empresariais. Todo grande conglomerado de empresas está constituído por meio de *holdings*, fundações etc.

Apesar de existir há muito tempo, até recentemente esse assunto era bastante desconhecido pela maioria das pessoas. Isso porque, conforme mencionado, esse sistema atendia basicamente a grandes grupos, e seu objetivo principal era o de controlar outras empresas.

Com o tempo, surgiu uma modalidade de *holding* que tem por finalidade organizar a sucessão familiar. Isso ocorre com a criação de uma empresa na qual são aportados como capital os bens imóveis e os investimentos de uma família.

Depois, a empresa é doada para os sucessores, com o estabelecimento de usufruto vitalício para os doadores e com diversas cláusulas de conduta entre os sucessores.

Mesmo com essa característica, esse processo ainda era visto pelas pessoas como um sistema para quem tem muito dinheiro e que não se aplicaria para pessoas com poucos bens. Isso não é verdade. A *holding* familiar pode ser constituída de qualquer patrimônio, uma vez que os objetivos principais são a eliminação do inventário no processo sucessório e os benefícios econômicos.

A procura por esse modelo de *holding* acabou se tornando mais popular na época da pandemia de Covid-19. As pessoas ficaram mais preocupadas com a sucessão e com sua organização patrimonial.

A *holding* familiar é, sem dúvida, um instrumento bastante poderoso para a organização da sucessão familiar. Ao longo do livro, demonstraremos os seus principais benefícios.

Quando surgiu a ideia de lançarmos uma obra sobre essa temática, o objetivo nunca foi apresentar um livro conceitual e denso. Existem no mercado diversos livros com essas características e que podem ser excelentes fontes de consulta para o aprofundamento no tema.

Nosso objetivo sempre foi elaborar um livro prático, voltado para advogados, profissionais da Contabilidade, consultores, enfim, todos que desejem conhecer o passo a passo de uma organização sucessória por meio de *holding*.

Para isso, trouxemos a experiência de mais de 12 anos do autor em fazer *holdings* para famílias. Ao longo desses anos, foram quase 50 *holdings* desenvolvidas.

A *holding* familiar pode ser uma excelente oportunidade para aqueles que se dedicarem a transformá-la em um produto. Embora exista um processo padronizado, as configurações das famílias podem ser totalmente diferentes, o que exigirá adaptações nesse modelo.

Trabalhar com *holding* é muito compensador porque, além do trabalho inicial até a conclusão dela, geralmente você acabará fidelizando como cliente a família envolvida nesse processo.

A partir da *holding* pronta, é comum que você seja procurado para ajudar em negócios que serão feitos pela família, para dar orientações e encaminhamentos, e na sucessão de fato é comum que os herdeiros continuem tratando desses assuntos com você. A palavra-chave é "confiança"!

Esclarecemos, também, que este livro não corresponde a uma obra jurídica, e sim a uma aplicação prática de uma estrutura jurídica muito bem consolidada.

Cada capítulo do livro apresenta ao leitor um tema que envolve a *holding* familiar, apresentando exemplos práticos sobre a temática em questão. No último capítulo, por sua vez, é apresentado um caso com o exemplo completo de elaboração de uma *holding*.

Esperamos contribuir com os diversos profissionais que têm interesse em se especializar em *holding* familiar e atuar de forma exitosa nesse promissor mercado.

Sucesso!

O autor

Capítulo 1

HOLDING E O PLANEJAMENTO SUCESSÓRIO

1.1 INTRODUÇÃO

Neste capítulo abordaremos a importância de uma sucessão familiar segura e eficaz, explicaremos a origem das *holdings* e suas modalidades, até chegarmos à *holding* familiar, objeto principal deste livro.

Em relação à *holding* familiar, estudaremos suas principais características e benefícios, as naturezas jurídicas aplicáveis, suas receitas, o processo de sucessão por meio da *holding*, a reserva de usufruto, as cláusulas mais importantes e o tratamento de questões societárias, tributárias e fiscais.

1.2 SUCESSÃO FAMILIAR

A sucessão familiar é algo natural da vida. O ser humano não é eterno, é finito. Contudo, esse sempre é um assunto bastante delicado de ser abordado em família, justamente pela sensação dessa finitude.

Muitos brasileiros, assim como outros povos, não tiveram em sua cultura uma preparação para lidar com a morte. De acordo com pesquisa realizada pela BBC News Brasil, realizada em 2022, 74% dos entrevistados afirmam não falar sobre a morte no cotidiano. Além disso, eles associam a morte a sentimentos difíceis, como tristeza (63%), dor (55%), sofrimento (51%) e medo (44%).

A presidente do Sindicato dos Cemitérios e Crematórios Particulares do Brasil (Sincep), Gisela Adissi, em entrevista a repórter Mariana Alvim, da BBC News Brasil, relatou o seguinte:

> Vimos na pesquisa que a morte não é um conceito, mas um conjunto de sentimentos. Sentimentos ruins. A gente cai na definição de angústia para a psicanálise, um conjunto de sentimentos ruins que se manifestam no corpo. Então, estamos colocando a morte muito mais no terreno da angústia do que, talvez, da aprendizagem (Adissi *apud* Santana, 2022).

Os entrevistados reconheceram que essa dificuldade diante do assunto é um fato. Em uma escala de 1 a 5, em que 1 significa "nada preparado" e 5 "muito preparado", para falar ou entender sobre sucessão, a média foi 2,6; em relação à própria morte, a média foi 2,1.

É importante entender que esse fato, embora difícil de aceitar, é natural e ocorrerá. Se a mentalidade mudar, é possível organizar o patrimônio, assegurar regras de boa conduta familiar, reduzir custos e promover uma sucessão tranquila e bem-sucedida.

Várias questões podem gerar dificuldades no processo sucessório. Leone (2005, p. 153-154) apresenta algumas delas:

> 1 – O conflito de gerações: A sucessão implica, quase sempre, uma mudança de geração.
> 2 – A família e a empresa são antagônicas: Elas têm finalidades diferentes. As empresas familiares as mostram bem. A família é uma comunidade de vida baseada em ligações afetivas e sobre valores fortemente enraizados.
> 3 – Conservar "a obra de uma vida": a empresa familiar não é apenas um sistema que visa a objetivos econômicos; é também a obra de um empreendedor.
> 4 – Erguer um monumento: o fundador quer conservar "a obra de sua vida", mas deseja também – os dois desejos são estreitamente ligados – erguer um monumento. Querendo ser imortal, a vigilância de seu próprio sistema de valores satisfaz a esse desejo.

Conforme a autora, a regulamentação da sucessão não terá efeito legal se não for juridicamente aplicável, em que a vontade do patriarca/matriarca esteja expressa claramente.

Ainda segundo Leone (2005), alguns aspectos devem ser observados:

- **Direito Patrimonial**: por meio dos diferentes regimes de casamento, que devem ser levados em consideração quando da organização do processo sucessório.

- **Direito das Sucessões**: enfocando as diversas formas de testamento, significando um modo de sucessão em que a real vontade do titular da empresa é realizada após a sua morte.
- **Doação**: como uma das medidas de caráter societário, será abordada demonstrando os instrumentos jurídicos para que sua validade não seja contestada.

Do Testamento

O testamento é uma solução a ser utilizada quando se deseja dividir o patrimônio da família de modo diferente da prevista em lei.

Da Doação

A doação é um contrato voluntário e gratuito pelo qual uma pessoa, por liberalidade, transfere do seu patrimônio bens ou vantagens para outra pessoa, que os aceita.

A diferença entre a doação e o testamento é que a doação é uma partilha em vida, e far-se-á por escritura pública ou instrumento particular, enquanto o testamento é um ato a ser executado após a morte do autor da herança (Leone, 2005).

Planejar a sucessão familiar é salutar, e, quanto antes for feita, maiores poderão ser os benefícios para toda a família.

1.3 *HOLDING* FAMILIAR

Inicialmente, será explicado o conceito de *holding*.

Lodi e Lodi (2004) apresentam "*holding*" como uma atitude empresarial.

Oliveira (2010) explica que a origem do termo está no verbo do idioma inglês "*to hold*", que significa manter, controlar ou guardar. Diz ainda que uma *holding* pode ser definida, em linguagem simples, como uma empresa cuja finalidade básica é ter participação, por cotas ou ações, em outras empresas.

Nesse aspecto, a legislação brasileira ampara esse tipo de empresa, por meio do parágrafo 3º, artigo 2º, da Lei n. 6.404/1976:

> Art. 2º Pode ser objeto da companhia qualquer empresa de fim lucrativo, não contrário à lei, à ordem pública e aos bons costumes.
> § 1º Qualquer que seja o objeto, a companhia é mercantil e se rege pelas leis e usos do comércio.

§ 2º O estatuto social definirá o objeto de modo preciso e completo.

§ 3º A companhia pode ter por objeto participar de outras sociedades; ainda que não prevista no estatuto, a participação é facultada como meio de realizar o objeto social, ou para beneficiar-se de incentivos fiscais.

Ainda segundo Lodi e Lodi (2004, p. 1):

> Os produtos da holding são os investimentos e estes podem ser chamados de fábricas, prestações de serviços, atividades rurais, grupos empresariais, aplicações financeiras, compra de ações ou meras cadernetas de poupança.
> É dentro dessas empresas que são estabelecidas as diretrizes estratégicas, os planos que viabilizam e os controles que asseguram a sua eficiência.

Os principais objetivos ao fazer uma *holding* são:

- controle e gerenciamento de outras empresas;
- planejamento tributário;
- sucessão familiar.

O intuito deste livro é tratar da chamada "*holding* patrimonial ou familiar".

A *holding* familiar é aquela que visa à organização, ao controle a à gestão do patrimônio familiar, com a promoção da sucessão para os herdeiros. Não é pelo fato de ser familiar que essa *holding* não pode atingir os outros objetivos elencados anteriormente, quais sejam: controle e gerenciamento de outras empresas, e planejamento tributário.

A *holding* familiar pode ser estruturada de diversas maneiras. Vejamos alguns exemplos nas Figuras 1.1, 1.2 e 1.3.

Modelo 1

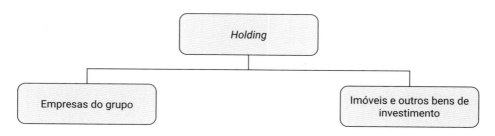

Figura 1.1 Modelo *holding* mista.

Nessa formação, existe uma empresa *holding* que é sócia e controla outras empresas, e que é sócia de outra que controla imóveis e outros investimentos.

Modelo 2

Figura 1.2 Modelo *holdings* separadas: operacional e administradora de bens.

Nessa formação, as atividades empresariais são separadas e controladas pela *holding* da família. Além disso, existe outra empresa administradora de bens que controla os imóveis e os investimentos. Desse modo, se porventura houver problemas na(s) empresa(s), o patrimônio imobiliário familiar não será afetado.

Modelo 3

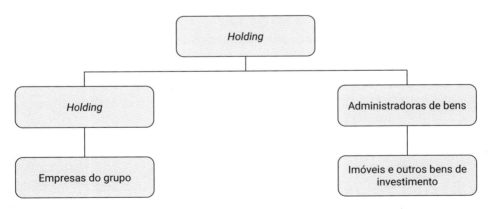

Figura 1.3 Modelo *holding* mãe controlando uma *holding* operacional e uma *holding* administradora de bens.

A diferença desse modelo para o modelo 2 é que existe uma *holding* mãe, a qual controla a *holding* de empresas e a *holding* de imóveis e investimentos.

Modelos podem ser estruturados com níveis mais simples ou mais complexos. Isso dependerá do estudo e do planejamento familiar em relação aos seus interesses e ao seu patrimônio.

A *holding* familiar (empresa principal) deverá abrigar os membros da família, conforme apresentado no exemplo da Figura 1.4.

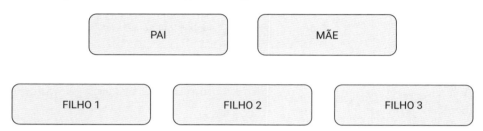

Figura 1.4 Estrutura da *holding* familiar.

Esse é apenas um exemplo. Pode haver diversas configurações familiares.

Podemos concluir que a *holding* familiar é uma evolução da *holding* tradicional, criada para participar de outras empresas.

Os objetivos de uma *holding* familiar podem ser definidos como:

- organizar o patrimônio familiar;
- perpetuar o patrimônio familiar;
- reduzir a burocracia e a tributação na sucessão;
- estipular regras de conduta pessoal e de condução dos negócios.

Portanto, uma *holding* é uma empresa constituída com a finalidade de participar de outras empresas, administrar bens imóveis e investimentos.

Ao longo deste livro, apresentaremos o processo completo, desde a constituição da *holding* até o processo de sucessão.

Nesse modelo, a empresa é constituída com os bens da família e, depois, as cotas da empresa são doadas para os filhos, mantendo o usufruto vitalício para os pais.

1.4 NATUREZA JURÍDICA

Os tipos societários que a *holding* pode ter são apresentados no Quadro 1.1.

Quadro 1.1 Tipos societários

Natureza jurídica	Tipo societário
204-6	Sociedade Anônima Aberta

(continua)

(continuação)

205-4	Sociedade Anônima Fechada
206-2	Sociedade Empresária Limitada
224-0	Sociedade Simples Limitada
230-5	EIRELI de Natureza Empresária
231-3	EIRELI de Natureza Simples

A Sociedade Limitada é a mais comum. Importante observar os *quóruns* de deliberação, conforme o Quadro 1.2.

Quadro 1.2 *Quóruns* de deliberação

Matéria	Quórum
Designação de administrador não sócio, quando feita em ato separado e capital não estiver totalmente integralizado	Unanimidade
Designação de administrador não sócio, quando feita em ato separado e capital totalmente integralizado	2/3 do capital social
Designação de sócio administrador, quando feita em ato separado	Mais da metade do capital social
Destituição dos administradores designados em ato separado	Mais da metade do capital social
Destituição dos administradores designados no contrato social	2/3 do capital social
Aprovação das contas da administração	Maioria do capital social dos presentes
Modo de remuneração dos administradores, em ato separado	Mais da metade do capital social
Modificação do contrato social	3/4 do capital social
Exclusão de sócio, com previsão no contrato social (justa causa)	Mais da metade do capital social
Exclusão de sócio remisso	Maioria do capital social dos demais sócios

(continua)

(continuação)

Incorporação, fusão e dissolução de sociedade, ou cessação do estado de liquidação	3/4 do capital social
Nomeação e destituição de liquidantes e julgamento de suas contas	Maioria do capital social dos presentes
Pedido de recuperação judicial	Mais da metade do capital social
Transformação, exceto se já prevista no ato constitutivo	Unanimidade

1.5 RECEITAS DA *HOLDING*

A *holding* pode ter diversos tipos de receitas. São elas:

- serviços;
- aluguéis;
- venda de imóveis;
- indústrias;
- comércio;
- dividendos.

1.6 USUFRUTO

Nas *holdings* familiares há a doação das cotas de capital da empresa para os filhos. Nesse caso, fica estabelecido aos pais o usufruto vitalício dessas cotas. Portanto, o que é transferido para os filhos é a nua propriedade dessas cotas.

Podemos, então, esquematizar essa situação conforme a Figura 1.5.

Figura 1.5 Esquema do usufruto na *holding*.

O Código Civil Brasileiro (Lei n. 10.406, de 10 de janeiro de 2002), em seu artigo 1.410, prevê a extinção do usufruto nas seguintes condições:

> I – por renúncia ou morte do usufrutuário;
> II – pelo termo de sua duração;
> III – pela extinção da pessoa jurídica, em favor de quem o usufruto foi constituído, ou, se ela perdurar, pelo decurso de trinta anos da data em que se começou a exercer;
> IV – pela cessação do motivo de que se origina;
> V – pela destruição da coisa, guardadas as disposições dos arts. 1.407, 1.408, 2ª parte, e 1.409;
> VI – pela consolidação;
> VII – por culpa do usufrutuário, quando aliena, deteriora, ou deixa arruinar os bens, não lhes acudindo com os reparos de conservação [...];
> VIII – pelo não uso, ou não fruição, da coisa em que o usufruto recai [...].

Para eliminação do inventário, é necessário que o processo sucessório seja feito com a doação das cotas da *holding* e o estabelecimento do usufruto. Vejamos graficamente na Figura 1.6.

Inicialmente

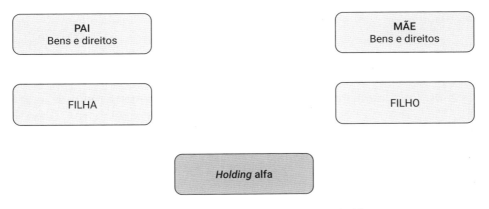

Figura 1.6 Estado inicial: planejamento da *holding*.

Nesse exemplo, inicialmente pai e mãe têm bens individuais, e constituem uma *holding* (alfa) com os filhos.

Constituída a *holding* alfa

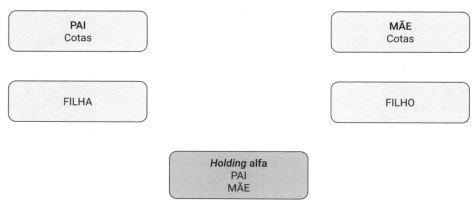

Figura 1.7 Criação da *holding*: constituição inicial.

Nesse momento, pai e mãe passam a ter cotas de capital da *holding*.

Doação das cotas da *holding* alfa

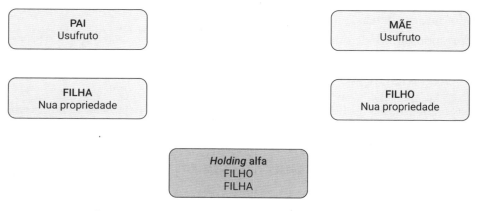

Figura 1.8 Momento seguinte: efetivação da sucessão.

Agora, filhos ficam com a nua propriedade das cotas, e pai e mãe, com o usufruto.

1.7 CLÁUSULAS IMPORTANTES

Para devida proteção do patrimônio, é fundamental que no contrato social da *holding* constem cláusulas como:

- doação/usufruto;
- outorga uxória;
- incomunicabilidade;
- inalienabilidade;
- impenhorabilidade;
- *affectio societatis*.

O detalhamento dessas cláusulas será feito no Capítulo 6, *Doação das cotas da holding*.

1.8 SÓCIOS

A *holding* poderá ter sócios pessoa física e/ou pessoa jurídica, domiciliados no Brasil ou no exterior. Dependendo do tipo de sócio, isso poderá impactar o regime tributário da *holding*.

Geralmente, as *holdings* são formadas por pessoas físicas.

Cônjuges em regime de comunhão universal de bens não podem ser sócios. Nesse caso, um dos cônjuges poderá ingressar como sócio e o outro será anuente, dando outorga uxória.[1]

A responsabilidade dos sócios é limitada.

1.9 DISTRIBUIÇÃO DE LUCROS

Os usufrutuários poderão receber os lucros apurados pela *holding* com isenção de Imposto de Renda na sua pessoa física.

1.10 OBRIGAÇÕES ACESSÓRIAS DA *HOLDING*

As principais obrigações acessórias que a *holding* tem, como qualquer empresa, são:

> I – Contabilidade Completa;
> II – Livros Contábeis e Fiscais: Entrada, Saída, Registro do Inventário e Termo de Ocorrência;[2]
> III – Documentação arquivada, no tempo da legislação fiscal específica;

---

[1] Consentimento dado por um dos cônjuges ao outro, para autorizar a execução de determinado negócio.
[2] Se aplicáveis.

IV – Apresentar Escrita Contábil Digital (ECD), Escrita Contábil Fiscal (ECF), Declaração de Débitos e Créditos Tributários Federais etc., nos prazos previstos pela legislação;

V – Declaração de Informações sobre Atividades Imobiliárias (DIMOB).

Nos próximos capítulos serão abordados, de maneira prática, todos os passos para a elaboração de uma *holding*.

REFERÊNCIAS

BRASIL. *Lei n. 6.404, de 15 de dezembro de 1976*. Dispõe sobre as Sociedades por Ações. Disponível em: https://www.planalto.gov.br/ccivil_03/Leis/L6404consol.htm. Acesso em: 09 fev. 2024.

BRASIL. *Lei n. 9.249, de 26 de dezembro de 1995*. Altera a legislação do Imposto de Renda das pessoas jurídicas, bem como da contribuição social sobre o lucro líquido, e dá outras providências. Disponível em: https://www.planalto.gov.br/ccivil_03/Leis/L9249.htm. Acesso em: 09 fev. 2024.

BRASIL. *Lei n. 10.406, de 10 de janeiro de 2002*. Institui o Código Civil. Disponível em: https://www.planalto.gov.br/ccivil_03/LEIS/2002/L10406compilada.htm. Acesso em: 09 fev. 2024.

LEONE, Nilda Maria de Clodoaldo Pinto Guerra. *Sucessão na empresa familiar*: preparando as mudanças para garantir sobrevivência no mercado globalizado. São Paulo: Atlas, 2005.

LODI, João Bosco; LODI, Edina Pires. *Holding*. 3. ed. São Paulo: Pioneira Thomson Learning, 2004.

OLIVEIRA, Djalma de Pinho Rebouças de. *Holding administração corporativa e unidade estratégica de negócio*: uma abordagem prática. 4. ed. São Paulo: Atlas, 2010.

SANTANA, Maya. Luto: a dificuldade que os brasileiros têm em lidar com a morte. *50emais – vida adulta inteligente*, [s. l.], 08 ago. 2022. Disponível em: https://50emais.com.br/luto-a-dificuldade-que-os-brasileiros-tem-em-lidar-com-a-morte/. Acesso em: 09 fev. 2024.

Capítulo 2

CONTRATO SOCIAL INICIAL

2.1 INTRODUÇÃO

Para iniciar de fato uma *holding*, é preciso que se elabore um Contrato Social, documento no qual constarão todas as regras, direitos e responsabilidades dos sócios. Sua previsão legal está disposta no Código Civil (Lei n. 10.406, de 10 de janeiro de 2002), no artigo 997:

> Art. 997. A sociedade constitui-se mediante contrato escrito, particular ou público, que, além de cláusulas estipuladas pelas partes, mencionará:
> I – nome, nacionalidade, estado civil, profissão e residência dos sócios, se pessoas naturais, e a firma ou a denominação, nacionalidade e sede dos sócios, se jurídicas;
> II – denominação, objeto, sede e prazo da sociedade;
> III – capital da sociedade, expresso em moeda corrente, podendo compreender qualquer espécie de bens, suscetíveis de avaliação pecuniária;
> IV – a cota de cada sócio no capital social, e o modo de realizá-la;

V – as prestações a que se obriga o sócio, cuja contribuição consista em serviços;

VI – as pessoas naturais incumbidas da administração da sociedade, e seus poderes e atribuições;

VII – a participação de cada sócio nos lucros e nas perdas;

VIII – se os sócios respondem, ou não, subsidiariamente, pelas obrigações sociais.

Parágrafo único. É ineficaz em relação a terceiros qualquer pacto separado, contrário ao disposto no instrumento do contrato.

O contrato deve ser elaborado antes do início das atividades da empresa e deverá ser levado a registro nos órgãos competentes como Junta Comercial ou Cartório de Registro de Pessoa Jurídica.

O Contrato Social precisa estar em plena conformidade com a legislação brasileira, e é preciso tomar bastante cuidado com o estabelecimento de cláusulas que não são tão usuais e que podem ser contestadas futuramente.

Além disso, o Contrato pode ser alterado sempre que os sócios desejarem, mediante simples alteração contratual com posterior registro.

Para o nosso processo de *holding*, faremos um contrato e uma alteração. O contrato inicial é para a constituição da *holding*, e a alteração é para a inserção das cláusulas de sucessão e o momento em que é realizada a doação das cotas da empresa.

Nesse primeiro contrato, será realizada a descrição dos bens que comporão o capital social. Apresentaremos, a seguir, um exemplo de contrato inicial, comentando as suas cláusulas.

2.2 O CONTRATO INICIAL – EXEMPLO

Para irmos diretamente ao exemplo prático, vamos imaginar uma família que pretende constituir uma *holding* para proteção patrimonial e para sucessão. Ela é composta de pai e mãe, casados em regime de comunhão universal de bens, dois filhos e cinco imóveis.

Os imóveis dessa família estão apresentados no Quadro 2.1.

Quadro 2.1 Imóveis de propriedade da família

Imóvel	Valor no Imposto de Renda	Valor venal
Unidade autônoma 10	129.349,00	500.000,00
Unidade autônoma 8	54.997,41	500.000,00
4,13% de um terreno	250.000,00	1.000.000,00

(continua)

(continuação)

50% de um terreno	1.300.000,00	2.600.000,00
Um prédio industrial	240.217,59	3.200.000,00
TOTAL	1.974.564,00	7.800.000,00

Como é possível verificar, existe uma diferença significativa entre os valores dos imóveis, constantes do Imposto de Renda dos fundadores, e os respectivos valores venais.[1] Os imóveis serão aportados pelo valor do Imposto de Renda.

Vamos, agora, passar pela minuta contratual, item a item.[2]

PREÂMBULO

No preâmbulo estarão os dados de qualificação dos sócios e o nome da empresa. Faremos comentários ao longo da minuta e, no capítulo final deste livro, apresentaremos uma sequência completa da elaboração da *holding*.

CONTRATO DE CONSTITUIÇÃO DA SOCIEDADE EMPRESÁRIA LIMITADA

XYZ PARTICIPAÇÕES E ADMINISTRAÇÃO DE BENS PRÓPRIOS LTDA.

Comentário: é obrigatório que, na razão social da empresa, conste claramente seu objeto. Por isso, no exemplo em questão, colocamos o sufixo: "Participações e Administração de Bens Próprios Ltda.". **Participações** é para que tenhamos o enquadramento como *holding*.

Pelo presente instrumento particular, as partes adiante qualificadas:

PAI, brasileiro, profissão, casado no regime de comunhão universal de bens, nascido em xx de fevereiro de mil novecentos e xxxxxxxxxx, na cidade de xxxxxxxx, estado de São Paulo, portador da cédula de identidade RG n. xxxxxxx, expedida pela SSP-SP e CPF n. xxxxxxxxxx, residente e domiciliado na Rua xxxxxxxxxx, xxx – Centro – xxxxxx – SP, CEP: xxxxxxxxxx.

---

[1] Mais informações sobre o impacto na tributação do Imposto de Transmissão de Bens Imóveis (ITBI) e do Imposto de Transmissão *Causa Mortis* e Doação (ITCMD) serão apresentadas no Capítulo 3, *Imposto de Transmissão de Bens Imóveis*, e no Capítulo 5, *Imposto de Transmissão* Causa Mortis *e Doação*.

[2] Lembrando que é apenas uma sugestão e modelo; você pode adaptá-lo da maneira que desejar.

FILHO 1, brasileiro, profissão, casado no regime de comunhão parcial de bens, nascido em xx de xxxxxx de mil novecentos e xxxxxxxxxx, na cidade de xxxxxxxx, estado de São Paulo, portador da cédula de identidade RG n. xxxxxxxx, expedida pela SSP-SP e CPF n. xxxxxxxxxxx, residente e domiciliado na Rua xxxxxxxxxx, xxx – Centro – xxxxxx – SP, CEP: xxxxxxxxxx.

FILHO 2, brasileiro, profissão, solteiro, nascido em xx de xxxxxx de mil novecentos e xxxxxxxxxx, na cidade de xxxxxxxx, estado de São Paulo, portador da cédula de identidade RG n. xxxxxxxx, expedida pela SSP-SP e CPF n. xxxxxxxxxxx, residente e domiciliado na Rua xxxxxxxxxx, xxx – Centro – xxxxxx – SP, CEP: xxxxxxxxxx.

Cônjuge anuente:
MÃE, brasileira, empresária, casada no regime de comunhão universal de bens, nascida em xx de xxxxxx de mil novecentos e xxxxxxxxx, na cidade de xxxxxx, estado de São Paulo, portadora da cédula de identidade RG n. xxxxxxxxxxx, expedida pela SSP-SP e CPF n. xxxxxxxxxxxxxx, residente e domiciliada na Rua xxxxxxxxx, xxx – Centro – XXXX – SP, CEP: xxxxxxx.
Têm entre si, justo e contratado, a constituição de uma sociedade empresária, sob o tipo jurídico de sociedade limitada, nos termos da lei vigente, que se regerá pelas cláusulas e condições seguintes, e, nas omissões, pela legislação específica que disciplina essa forma societária e rege de acordo com a Lei n. 10.406/2002 (Código Civil).

Comentário: como, nesse exemplo, pai e mãe são casados no regime de comunhão universal de bens, eles não poderão figurar como sócios, de acordo com o Código Civil Brasileiro. Por isso, colocamos a mãe como anuente, o que não lhe tira nenhum direito legal – é possível inverter os papéis, ou seja, o pai ser anuente.

CAPÍTULO I
DA DENOMINAÇÃO, OBJETO E SEDE

Artigo 1º – A sociedade girará sob a denominação **XYZ PARTICIPAÇÕES E ADMINISTRAÇÃO DE BENS PRÓPRIOS LTDA.**

Artigo 2º – O objeto da sociedade será:

a) gestão de participações societárias em outras empresas, *holding* **não instituição financeira**;
b) a administração de bens imóveis próprios, aluguéis de bens imóveis próprios residenciais e não residenciais, loteamento de imóveis próprios; e
c) compra e venda de bens imóveis próprios.
Parágrafo único

A sociedade poderá explorar outros ramos que tenham afinidade com o objeto expresso na cláusula segunda.

Artigo 3º – A sociedade tem sua sede na cidade de XXXX, estado de São Paulo, na Rua XXXXXXXXXX, XXX – Centro – XXXXX – SP, CEP: XXXXXX, podendo os sócios abrir, manter e fechar filiais ou sucursais em qualquer ponto do território nacional, e ainda constituir, adquirir ou participar de outras sociedades, observadas as disposições legais deste instrumento.

Comentário: nesse ponto, colocamos como objeto social a gestão de participações societárias, para caracterizá-la como *holding* e os demais ramos de locação e compra e venda de imóvel. A *holding* pode também desenvolver outras atividades, caso seja de vontade dos sócios.

CAPÍTULO II
DO CAPITAL SOCIAL

Artigo 4º – O capital social é de R$ 1.975.000,00 (um milhão, novecentos e setenta e cinco mil reais), subscrito e integralizado, sendo R$ 436,00 (quatrocentos e trinta e seis reais) em moeda corrente do país e R$ 1.974.564,00 (um milhão, novecentos e setenta e quatro mil, quinhentos e sessenta e quatro reais) formado pelos bens imóveis do sócio, **PAI, e de sua esposa, MÃE**, divididos em 1.975.000 (um milhão, novecentas e setenta e cinco mil) cotas no valor nominal de R$ 1,00 (um real) cada uma e distribuído da seguinte maneira:

Sócios	Cotas	Valor (R$)
PAI	1.974.998	1.974.998,00
FILHO 1	1	1,00
FILHO 2	1	1,00
TOTAL	1.975.000	1.975.000,00

Os bens imóveis transferidos pelo sócio **PAI e por sua esposa**, MÃE, são os seguintes:

Comentário: geralmente, como o valor dos bens constantes no Imposto de Renda vem com valores "quebrados", é costume fazer o arredondamento, completando com dinheiro em espécie. Na constituição da *holding*, os filhos entram com o valor simbólico de uma cota cada. É possível fazer diferente, caso desejem. Veremos que, na minuta de alteração contratual da *holding*, o pai doará suas cotas para seus filhos, e estes ficarão com todas.

Agora são feitas as transcrições de cada imóvel aportado no capital social. É preciso ter muita atenção, porque o Contrato Social será o instrumento utilizado para registro dos imóveis, dispensando a confecção de escrituras. Portanto, é necessário detalhar a matrícula de cada imóvel no Contrato Social.[3]

> 1) **UNIDADE AUTÔNOMA N. 10**, modelo DUPLO, localizado no 12º pavimento, ou 10º andar, do empreendimento denominado "CONDOMÍNIO XXXXX", situado à Avenida XXXXXXXX, N. 386, e Rua XXXXX, N. 293, nesta Cidade e Comarca de XXXXXXXXX – SP, contendo: sala, lavabo, cozinha, lavanderia, despensa, banheiro de serviços, sala íntima, escritório, duas varandas, três dormitórios, três *closets*, três banheiros e três vagas determinadas pelo número da unidade na garagem comum do empreendimento, com área privativa de 298 m², área comum de 236,5040 m², área de garagem de 39 m² e área total de 573,5043 m², correspondendo-lhe uma fração ideal de 3,7983% no terreno e demais coisas comuns do empreendimento. Conforme matrícula n. 28.7XX, do Registro de Imóveis de XXXXXX – SP. Adquirido em 07/02/2001. VALOR: R$ 129.349,00.
>
> 2) **UNIDADE AUTÔNOMA N. 8**, modelo TIPO, localizada no 10º pavimento, ou 8º andar, do empreendimento denominado "CONDOMÍNIO EDIFÍCIO XXXXXX", situado à Avenida XXXXXX, N. 386, e Rua XXXXXXXXX, N. 29X, nesta Cidade e Comarca de XXXXXXXXX – SP, contendo: sala, sala de TV, lavabo, cozinha, lavanderia, banheiro de serviço, varanda, quatro dormitórios, dois banheiros e duas vagas determinadas pelo número da unidade na garagem comum do empreendimento, com área privativa de 149 m², área comum de 120,6730 m², área de garagem de 26 m² e área total de 295,6730 m², correspondendo-lhe uma fração ideal de 1,9380% no terreno e demais coisas comuns do empreendimento. Conforme matrícula n. 28.7XX, do Registro de Imóveis de XXXXXXXX – SP. Adquirido em 07/02/2001. VALOR: R$ 54.997,41.
>
> 3) **UMA FRAÇÃO IDEAL** correspondente a 4,1350609% de **UM TERRENO** formado pela unificação de duas glebas distintas, frontariando a Avenida XXXXXXXX e as Ruas XXXXXXXXX e Barão XXXXXXX, dessa cidade, com a área de 1.477,34 m², e a descrição seguinte: na frente, medindo 28,90 metros, com a Avenida XXXXXXXX, e depois, em curva de raio de 3,50 metros, mais 6,90 metros na confluência da Avenida XXXXXXXXX e Rua XXXXXX; no lado direito de quem da Avenida Barão XXXXXXX olha para o terreno mede 46,20 metros, confrontando com o alinhamento da Rua XXXXXX; no lado esquerdo, confronta com propriedade de XXXXXXXX, na extensão de 44,37 metros; no fundo, mede 28,67 metros com o alinhamento

---

[3] Para detalhamento sobre o registro de imóveis, *vide* Capítulo 4, *O registro de imóveis*.

da Rua Barão de XXXXXXXXXX, e depois, em curva de raio de 2,50 metros, mais 3,70 metros, na confluência das Ruas Barão XXXXXXXX e XXXXXXXX, em solução ao compromisso de venda e compra, retratado no R.3, cedido nos R.8 e R.30 de ordem. Apartamento n. 10, Edifício XXXXX. Conforme matrícula n. 50.000, do Segundo Oficial de Registro de Imóveis de XXXXXXX – SP. VALOR: R$ 250.000,00.

4) 50% de UM TERRENO constituído da chácara n. 50 da quadra "N", do loteamento denominado "Chácaras XXXXXXXXXXXXXXXXXXX", bairro XXXXXXX, encerrando a área total de 3.491,80 m², com as seguintes medidas e confrontações: na frente mede 24,50 metros, com a Rua 04, e mais 12,20 metros, em curva, com a confluência da Rua 04 com a Rua 11, pelo lado direito de quem olha para o terreno, em que mede 100,00 metros, com a Chácara n. 51; pelo lado esquerdo, em que mede 93,00 metros, com a Rua n. XX, com a qual faz esquina, e pelos fundos em que mede 38,00 metros, com propriedade de XXXXXXXXXXX. (Averbação n. 6). **Conforme Averbação n. 9**, foi construído um **PRÉDIO QUE RECEBEU O NÚMERO 01**, da Rua X com a Rua XX, com área construída de 548,53 m², conforme habite-se n. 081/01, expedido em 29 de junho de 2001, pela Prefeitura Municipal de XXXXXXXXXXXXX. Município e comarca de XXXXXXXXX – SP. Conforme matrícula n. 6.84X, do Primeiro Cartório de Registro de Imóveis e Anexos de XXXXXXXXXX – SP. VALOR: R$ 1.300.000,00.

5) **UM PRÉDIO industrial**, com área de 2.977,15 m² de construção, e seu respectivo TERRENO, com área de 5.333,00 m², formado pelos lotes 1 e 11, da Quadra 1, da Vila XXXXXXXXXX, no bairro XXXXXXXXXX, perímetro urbano, deste Município e comarca de XXXXXXXXXX – SP, medindo 135,50 metros de frente para a Rua XXXXXXXXXXX; 52,20 metros de um lado com XXXXXXXXX; 18,00 metros em curva, entre a Rua XXXXXXXXXXXXXX e a Via XXXXXXXXXX; e 146,40 metros para a Via XXXXXXXXXXX, imóvel este perfeitamente descrito e caracterizado na matrícula n. 3.107 do Oficial de Registro de Imóveis de XXXXXXXXX – SP. VALOR: R$ 240.217,59.

Comentário: fizemos questão de detalhar os imóveis para frisar a importância dessa transcrição. Qualquer erro na descrição ensejará em devolutiva do Registro de Imóveis para acerto, o que resultará na realização de uma alteração contratual para retificação.

Artigo 5º – A Sra. **MÃE**, já qualificada, casada sob o regime da comunhão universal de bens com o **PAI**, **assina o presente instrumento, dando sua outorga uxória** para esta integralização do capital social, prevista no artigo 1.647, I, do Código Civil.

Comentário: essa é a cláusula na qual a cônjuge dá sua anuência para que os imóveis sejam integralizados na *holding*. É cláusula obrigatória nos regimes de comunhão universal e parcial de bens.

> Artigo 6º – Todos os sócios concordam expressamente com os valores atribuídos aos bens entregues para a integralização da constituição de capital social pelo sócio **PAI e por sua esposa, MÃE**, dispensando a exigência de prévia avaliação.
>
> Artigo 7º – A posse dos imóveis é transmitida, neste ato, para a sociedade.

Comentário: essas cláusulas são para anuência de todos sobre os valores atribuídos aos bens para integralização do capital social e para informar que a posse é transmitida no ato para a sociedade.

> Artigo 8º – Nos termos do art. 142 do Decreto n. 9.580/2018, combinado com o art. 23 da Lei n. 9.249/1995, a transferência dos bens pelo sócio **PAI e por sua esposa, MÃE**, para a integralização do capital social, ocorre pelo valor constante das Declarações de Bens e Direitos integrantes das Declarações do Imposto de Renda da Pessoa Física – Exercício 2024, ano-calendário 2023, não gerando ganho de capital.

Comentário: é feita uma declaração de que os valores foram aportados com base na declaração de Imposto de Renda pessoa física do último ano. Isso serve para atender ao disposto na Lei n. 9.249/1995 e no Regulamento do Imposto de Renda – Decreto n. 9.580/2018, para ficar evidenciado que não há ganhos de capital a serem apurados. É importante salientar que, se os sócios desejarem, é possível integralizar os bens por um valor maior que do Imposto de Renda; contudo isso fará com que haja ganho de capital a ser recolhido sobre a diferença, além de impactar outras tributações da *holding* – vide Capítulo 3, *Imposto de Transmissão de Bens Imóveis*, e Capítulo 5, *Imposto de Transmissão Causa Mortis e Doação*.

> Artigo 9º – O prazo de duração da sociedade será por tempo indeterminado, extinguindo-se por vontade unânime dos sócios e nos casos previstos em Lei.
>
> Artigo 10 – A responsabilidade dos sócios é limitada ao valor de suas cotas, respondendo solidariamente pela integralização do capital social, de acordo com o artigo 1.052 da Lei n. 10.406 de 10 de janeiro de 2002.
>
> Artigo 11 – As cotas de capital são indivisíveis em relação à sociedade e cada cota dará direito a um voto nas reuniões da sociedade.

Artigo 12 – Poderá haver aumento ou redução do capital social, observado o seguinte:
§ 1º – No caso de aumento do capital, os sócios realizarão reunião e terão preferência para participar dele, na proporção das cotas de que sejam titulares, quando será processada a alteração do Contrato Social.
§ 2º – A redução do capital processar-se-á nos seguintes termos:
a) quando houver perdas irreparáveis, será realizada com a diminuição proporcional do valor nominal das cotas;
b) se o valor for excessivo em relação ao objeto da sociedade, ele será restituído aos sócios na proporção nominal das cotas.

Comentário: essas são cláusulas padrão, exigidas pela legislação.

**CAPÍTULO III
DA ADMINISTRAÇÃO**

Artigo 13 – A administração da sociedade cabe ao sócio **PAI, de forma isolada**, com poderes e atribuições de representá-la ativa, passiva, judicial e extrajudicialmente, sempre na defesa dos interesses sociais, sendo de única e exclusiva competência os negócios patrimoniais, trabalhistas, previdenciários, tributários, financeiros, comerciais e todos os demais atos necessários à gestão da sociedade, respondendo, quando for o caso, pelos excessos que vier a cometer, autorizado o uso do nome empresarial, vedado, no entanto, em atividades estranhas ao interesse social ou assumir obrigações em favor de qualquer dos quotistas ou de terceiros. Todavia, poderá onerar ou alienar bens imóveis da sociedade, sem autorização dos sócios, continuando com a necessidade de anuência e outorga, para esses fins, da Sra. **MÃE**.

Parágrafo Único: em caso de impossibilidade, por qualquer razão, inclusive falecimento, de o administrador continuar a exercer esses poderes, a administração e representação da sociedade continuará, e será exercida pela sócia anuente **MÃE**.

Comentário: essa cláusula é muito importante, porque garante a administração plena da *holding* aos pais. É possível modificá-la, colocando, por exemplo, administração conjunta de pai e mãe etc. Por essa sugestão de cláusula, pai e mãe poderão comprar e vender bens livremente sem a autorização dos filhos. Nesse exemplo, sugerimos a administração por um deles, no caso o pai, e na ausência deste a mãe assume esse papel.

Artigo 14 – O uso da firma será feito pelo administrador, isolada e exclusivamente para os negócios da própria sociedade.

Artigo 15 – Pelo exercício da administração, o administrador poderá estipular, por meio de reunião anual de sócios, uma retirada mensal, a título de PRÓ-LABORE.

Artigo 16 – Caberá ao administrador da sociedade a decisão de nomeação dos representantes da sociedade nas empresas coligadas, controladas ou em que participe de alguma maneira.

Comentário: são cláusulas sugeridas e padrão. Importante que seja discutida a questão da retirada de pró-labore. Aqui sugerimos deixar como "poderá" ter retirada: a partir daí, é possível tomar a decisão por deliberação dos sócios por meio de reunião. Porém, nada impede que já haja a previsão de haver ou não a retirada.

CAPÍTULO IV
DAS REUNIÕES DOS SÓCIOS QUOTISTAS E DO *QUÓRUM*

Artigo 17 – As Reuniões dos Sócios Quotistas serão convocadas pelo sócio administrador, pelo administrador contratado ou pelos sócios que representem a maioria do capital social, mediante convocação por escrito ou verbal, constando este fato na respectiva ata, e realizadas:
a) obrigatoriamente para:
i) aprovação das contas da administração;
ii) designação do administrador quando este não fizer parte da sociedade;
iii) destituição dos sócios administradores ou administrador contratado;
iv) incorporação, fusão e dissolução da sociedade, ou cessação do estado de liquidação;
v) nomeação e destituição dos liquidantes, bem como julgamento de suas contas;
vi) pedido de concordata.
b) facultativamente:
– sempre que os sócios que detêm a maioria do capital social julgarem necessário.

Parágrafo Único: as atas das reuniões serão lavradas em livro próprio, cabendo aos sócios designar entre eles o Presidente e Secretário da reunião.

Artigo 18 – Em relação aos atos e decisões a serem tomadas nas reuniões dos sócios quotistas, deverão ser observados os seguintes *quóruns* para a validade das decisões tomadas:
i) para a reunião dos sócios quotistas: maioria do capital social;
ii) para alteração do Contrato Social: ¾ do capital social;
iii) para incorporação, fusão, dissolução da sociedade ou cessação do estado de liquidação: ¾ do capital social;
iv) para designação do administrador, sua demissão, fixação de remuneração e pedido de concordata: mais da metade do capital social;
v) maioria de votos dos presentes nos demais casos não constantes dos itens I a IV do presente artigo.

Comentário: cláusulas padrão exigidas pela legislação.

CAPÍTULO V
DO EXERCÍCIO SOCIAL E DESTINAÇÕES DE LUCROS E PERDAS

Artigo 19 – O exercício social terminará em 31 de dezembro de cada ano, quando será levantado o respectivo Balanço Patrimonial e a Demonstração de Resultado do Exercício.

Artigo 20 – Os lucros ou prejuízos apurados serão distribuídos ou suportados pelos sócios, sendo possível realizar isso de forma **desproporcional** em relação à participação no capital. Essa decisão cabe aos sócios administradores. Os sócios, desde já, reconhecem a validade desta condição, que é justificada como mecanismo de retribuição a cada sócio que colaborou com seu trabalho pessoal para a formação do resultado auferido pela sociedade, independentemente de eventual pagamento de pró-labore.

§ 1º – No transcorrer do exercício, havendo lucros apurados em balanços intermediários ou balancetes, poderão ser eles distribuídos aos sócios na proporção de suas cotas de capital, como antecipação.

§ 2º – Se no encerramento final do balanço os lucros forem inferiores aos retirados como antecipação, caberá aos sócios a devolução, para a sociedade, da parte excedente nas mesmas proporções do § 1º.

Comentário: tal qual a cláusula do pró-labore, aqui é preciso decidir sobre a distribuição dos lucros da *holding*. Na nossa minuta, estamos sugerindo um texto no qual consta que a distribuição de lucros será **desproporcional em relação à participação no capital**. Mas essa é apenas uma sugestão: a decisão fica a critério dos constituidores da *holding*. Lembrando que os lucros irão para os pais enquanto estes estiverem com o usufruto das cotas – esse assunto será tratado no capítulo em que abordaremos a minuta de alteração contratual da *holding* para doação das cotas.

CAPÍTULO VI
DA RETIRADA E EXCLUSÃO DE SÓCIOS

Artigo 21 – As cotas da sociedade serão indivisíveis e não poderão ser cedidas ou transferidas sem o expresso consentimento dos sócios, cabendo, em igualdade de preços e condições, o direito de preferência aos sócios que queiram adquiri-las, no caso de algum sócio pretender ceder as que possui.

Artigo 22 – É vedado aos sócios caucionar ou dar suas cotas em garantia, seja a que título for.

Artigo 23 – Se qualquer dos sócios desejar se retirar da sociedade, deverá comunicar sua intenção aos demais por escrito, especificando o preço da oferta e as condições de pagamento, e concedendo prazo de 180 (cento e oitenta) dias para manifestação.

Artigo 24 – Neste caso, se qualquer sócio desejar retirar-se da sociedade, é assegurado o direito personalíssimo e exclusivo de preferência ao sócio, que poderá exercê-lo pagando um valor nominal da cota que constar no Contrato Social, reavaliado, conforme valor de mercado vigente na época da retirada em 120 (cento e vinte) parcelas mensais, iguais e sucessivas, com acréscimos legais, e não estando sujeito, portanto, a igualar ofertas de terceiros. O prazo aqui mencionado pode ser modificado em comum acordo das partes.

Artigo 25 – Os sócios poderão deliberar em reunião de sócios, excluírem da sociedade, por justa causa, os sócios que estejam pondo em risco a continuidade da empresa, devendo ser apurados os respectivos haveres por meio de demonstrações contábeis da sociedade na data do evento, reavaliado a valor de mercado vigente à época. Nessa hipótese de exclusão de sócios, será levantado um Balanço Patrimonial na data da saída, e com base nestas demonstrações contábeis será apurado o quinhão do sócio, que será reembolsado em 120 (cento e vinte) prestações mensais, iguais e sucessivas, com acréscimos legais.

Comentário: essas cláusulas são muito importantes, porque tratam da retirada e da exclusão de sócios da *holding*. É preciso muita atenção, pois essas cláusulas somente serão acionadas, provavelmente, quando os herdeiros já estiverem administrando plenamente a empresa, ou seja, depois que não houver mais o usufruto dos pais. Então é preciso que os fundadores reflitam bastante sobre como querem que questões como essa sejam tratadas no futuro, caso essa situação venha a ocorrer.

CAPÍTULO VII
DO *AFFECTIO SOCIETATIS*

Artigo 26 – Falecendo qualquer sócio, a sociedade continuará suas atividades normalmente com os sócios remanescentes. A sociedade é fundada sobre o princípio do **AFFECTIO SOCIETATIS**, que deve estar presente obrigatoriamente em relação a todos os sócios, uma vez que é fundamental à sobrevivência da sociedade e de seu desiderato. Por essa razão, não será admitido, em nenhuma hipótese, o ingresso de eventuais sucessores, seja a que título for, sem o expresso consentimento de todos os sócios remanescentes, a quem caberá, exclusivamente, a decisão de admitir na sociedade pessoas estranhas ao quadro societário.

Artigo 27 – Na presença de eventuais sucessores, que não obtiveram consentimento de admissão na sociedade, será levantado um Balanço Patrimonial na data desse evento, e com base nessas demonstrações que se basearão exclusivamente nos valores contábeis, será apurado o quinhão respectivo, reavaliado a valor de mercado vigente à época, que será reembolsado em 120 (cento e vinte) prestações mensais, iguais e sucessivas, sem acréscimos de quaisquer valores, mesmo a título de juros, justificando-se esse prazo para não colocar em risco a sobrevivência da sociedade.

Artigo 28 – A sociedade não se dissolverá pela morte, incapacidade, retirada de sócio quotista, nem por sua exclusão. Também não haverá dissolução da sociedade mesmo que remanesça um único sócio, continuando, nesta hipótese, com o sócio remanescente pelo prazo máximo de 180 (cento e oitenta) dias, como faculta o inciso IV do artigo 1.033 da Lei n. 10.406/2002.

Comentário: a cláusula de *affectio societatis* é fundamental em empresas como as *holdings*, pois é ela que disciplina se poderão ingressar na sociedade, no futuro, outras pessoas mediante autorização dos sócios remanescentes. Exemplo: vamos imaginar que um dos filhos (sócio) faleça. Será permitido o ingresso de seus sucessores na *holding*? Caso não, esses deverão receber o seu quinhão normalmente, e é essa cláusula que disciplina isso e de que forma isso é feito. Abordaremos com mais profundidade esse assunto no Capítulo 6, *Doação das cotas da* holding, no qual traremos a alteração contratual de doação das cotas.

CAPÍTULO VIII
DAS DISPOSIÇÕES FINAIS

Artigo 29 – Os administradores declaram, sob as penas da Lei, que não estão impedidos de exercer a administração da sociedade, por Lei especial, nem condenados à pena que vede, ainda que temporariamente, o acesso a cargos públicos. Declaram também que não foram condenados por crime falimentar de prevaricação, peita ou suborno, concussão, peculato, ou contra a economia popular, contra o sistema financeiro nacional, contra as normas de defesa da concorrência, contra as relações de consumo, contra a fé pública ou contra a propriedade.

Artigo 30 – As omissões ou dúvidas que possam ser suscitadas sobre o presente Contrato serão supridas ou resolvidas com base na Lei n. 10.406, de 10 de janeiro de 2002.

Artigo 31 – Fica eleito o foro desta comarca para os procedimentos judiciais referentes a este Instrumento de Contrato Social, com expressa renúncia de qualquer outro, por mais especial ou privilegiado que seja.
E, por estarem em perfeito acordo, em tudo quanto neste instrumento particular foi lavrado, obrigam-se a cumprir o presente contrato, por si e por seus herdeiros, na presença das testemunhas abaixo, em 3 vias de igual teor, para um só efeito.

Cidade-Estado, xx de xxxxxxxx de 2024.

Comentário: cláusulas finais padrão.

PAI
_____

FILHO 1
_____

FILHO 2
_____

Outorgante anuente:
_____

MÃE

Testemunhas:

_____   _____

VISTO: ADVOGADO
_____

Comentário: no final será necessário coletar as assinaturas de todos os envolvidos, inclusive a da mãe anuente (ou do pai, caso este seja) e a de um advogado.

E, assim, apresentamos detalhadamente um modelo de contrato inicial de *holding*. Nesse primeiro momento, não inserimos as cláusulas de sucessão.

O próximo passo é o registro na Junta Comercial.

REFERÊNCIAS

BRASIL. *Lei n. 9.249, de 26 de dezembro de 1995*. Altera a legislação do Imposto de Renda das pessoas jurídicas, bem como da contribuição social sobre o lucro líquido, e dá outras providências. Disponível em: https://www.planalto.gov.br/ccivil_03/Leis/L9249.htm. Acesso em: 16 fev. 2024.

BRASIL. *Decreto n. 9.580, de 22 de novembro de 2018*. Regulamenta a tributação, a fiscalização, a arrecadação e a administração do Imposto sobre a Renda e Proventos de Qualquer Natureza. Disponível em: https://www.planalto.gov.br/ccivil_03/_Ato2015-2018/2018/Decreto/D9580.htm. Acesso em: 16 fev. 2024.

BRASIL. *Lei n. 10.406, de 10 de janeiro de 2002*. Institui o Código Civil. Disponível em: https://www.planalto.gov.br/ccivil_03/LEIS/2002/L10406compilada.htm. Acesso em: 16 fev. 2024.

Capítulo 3

IMPOSTO DE TRANSMISSÃO DE BENS IMÓVEIS

3.1 INTRODUÇÃO

Neste capítulo abordaremos o Imposto sobre Transmissão de Bens Imóveis (ITBI). Houve um tempo em que havia grandes benefícios na constituição da *holding* familiar em relação a esse tão importante e oneroso imposto. Desde 2020, com o Tema 796 do Supremo Tribunal Federal (STF), esses benefícios podem diminuir drasticamente, dependendo da situação. Explicaremos toda a sistemática do ITBI, conceito, histórico, vantagens e desvantagens em pedir a imunidade tributária quando da transferência dos bens para a *holding* e seus principais impactos. Faremos também uma reflexão se vale ou não a pena solicitar essa imunidade, e apresentaremos um modelo de requerimento para ser solicitada às prefeituras.

3.2 O IMPOSTO

O ITBI é o imposto previsto na Constituição Federal, de competência dos Municípios, e que tem por finalidade tributar a transferência onerosa de bens imóveis entre pessoas físicas e jurídicas. Vejamos o que diz a Constituição Federal, no inciso II do artigo 156, seção V, que trata dos impostos de competência dos Municípios:

> Art. 156. Compete aos Municípios instituir impostos sobre:
> I – propriedade predial e territorial urbana;
> **II – transmissão "*inter vivos*", a qualquer título, por ato oneroso, de bens imóveis, por natureza ou acessão física, e de direitos reais sobre imóveis, exceto os de garantia, bem como cessão de direitos a sua aquisição;** [...] (grifo nosso).

Primeiramente, é preciso destacar que falar em transferência onerosa significa que ela importa em uma contraprestação antes da troca do bem ou do direito. Essa contraprestação pode ser monetária (dinheiro) ou patrimonial.

Portanto, quando ocorrer transferência de bens imóveis ou direito à sua aquisição, de uma pessoa para outra, física ou jurídica, nasce o fato gerador do ITBI.

Ocorre que o parágrafo 2º, do mesmo artigo, determina que, quando se aportam os bens em uma empresa para realização de seu capital social, não há incidência do ITBI. Vejamos:

> [...]
> § 2º O imposto previsto no inciso II:
> I – não incide sobre a transmissão de bens ou direitos incorporados ao patrimônio de pessoa jurídica em realização de capital, nem sobre a transmissão de bens ou direitos decorrente de fusão, incorporação, cisão ou extinção de pessoa jurídica, salvo se, nesses casos, a atividade preponderante do adquirente for a compra e venda desses bens ou direitos, locação de bens imóveis ou arrendamento mercantil; [...].

Contudo, notamos, no mesmo texto legal, que há uma exceção: "[...] salvo se, nesses casos, a atividade preponderante do adquirente for a compra e venda desses bens ou direitos, locação de bens imóveis ou arrendamento mercantil" (BRASIL, 1988, art. 156, § 2º).

Portanto, criou-se uma exceção: se a empresa que está sendo constituída ou já exista e que receberá os bens como aporte de capital tiver como atividade **preponderante** a compra e venda de bens ou direitos e/ou a locação, a regra não vale e o ITBI passa a ser devido.

As *holdings* familiares, das quais tratamos neste livro, precisam ter como objeto social a compra, venda e locação de bens imóveis próprios a fim de que cumpram a função para que foram constituídas, ou seja, a gestão patrimonial familiar.

Portanto, podemos concluir que para essas empresas o ITBI sempre será devido? A resposta é "não", pois é preciso estabelecer em que momento se verifica que a atividade é preponderante. Para isso, o Código Tributário Nacional (Lei n. 5.172, de 25 de outubro de 1966), em seu artigo 37, definiu o que é atividade preponderante e qual a regra para verificá-la:

> Art. 37 [...]
> § 1º Considera-se caracterizada a atividade preponderante referida neste artigo quando mais de 50% (cinqüenta por cento) da receita operacional da pessoa jurídica adquirente, nos 2 (dois) anos anteriores e nos 2 (dois) anos subseqüentes à aquisição, decorrer de transações mencionadas neste artigo.
> § 2º Se a pessoa jurídica adquirente iniciar suas atividades após a aquisição, ou menos de 2 (dois) anos antes dela, apurar-se-á a preponderância referida no parágrafo anterior levando em conta os 3 (três) primeiros anos seguintes à data da aquisição.
> [...]

Em resumo, podemos concluir que receita preponderante é aquela maior do que 50% da receita total da empresa, e que essa verificação será feita no seguinte período, conforme Quadro 3.1.

Quadro 3.1 Análise da preponderância da receita

Período de verificação da preponderância	
Pessoa Jurídica nova ou com até 24 meses	Receitas de 3 anos a partir da transmissão do(s) bem(ns)
Pessoa Jurídica com mais de 24 meses	Receitas de 2 anos antes e 2 anos a partir da transmissão do(s) bem(ns)

E como prestar contas que comprovem que a receita preponderante da empresa nos períodos mencionados anteriormente não é proveniente de aluguel ou venda de bens? A resposta é: apresentando os demonstrativos contábeis de todo o período. E de que maneira devemos apresentar?

Como a competência de gestão do ITBI é dos municípios, é possível que haja regras diferentes de apresentação da prestação de contas. Esse, portanto, é um ponto de atenção!

Por exemplo, há municípios que solicitam prestação de contas de modo anual até o final do período, e outros que pedem para apresentar após o período, de uma única vez.

Além disso, há municípios que pedem que o contribuinte entregue em determinado prazo, outros que dizem que o contribuinte deve aguardar ser notificado para apresentar. Uns usam processo físico; outros, processo digital.

Portanto, é muito importante que você se atenha ao termo de compromisso que a prefeitura emitiu quando concedeu a imunidade provisória. Nesse termo estão as condições de prestação de contas futura, com informações de prazos e quais documentos apresentar.

Vejamos dois exemplos práticos:

a. **Exemplo 1**: vamos supor uma empresa que já exista há muitos anos, cujos sócios resolvem aportar bens, aumentando seu capital, para transformá-la em uma *holding*, administradora de bens próprios. Sua constituição foi em fevereiro de 2015. Os bens estão sendo aportados em março de 2024. São dois imóveis, um no município A e outro no município B, que totalizam, juntos, o valor de R$ 1.000.000,00. A empresa opta por pedir a imunidade do ITBI aos municípios.

   Inicialmente, cabe lembrar que, nesse exemplo, de uma empresa já constituída, será verificada a receita dos 2 anos anteriores ao aporte dos bens; portanto, se a empresa já souber que a preponderância dessa receita vem de venda ou aluguéis de bens, nem adianta solicitar a imunidade.

   Para solicitar a imunidade é necessário fazer um requerimento para cada município (apresentaremos o modelo no final deste capítulo).

   Provavelmente, a imunidade **provisória** será concedida pelo município e será expedido um termo de compromisso, com as condições a serem cumpridas.

   Vamos analisar a empresa em questão.

   O aporte dos bens para aumento do capital foi realizado em março de 2024. Portanto, por tratar-se de uma empresa já existente, certamente o prazo para apresentação da prestação de contas será março de 2026, quando passados 2 anos do aporte. Contudo, é muito comum que, quando o prazo termina, antes do final do ano, a prefeitura permita a apresentação no prazo da entrega da Escrita Contábil Digital (ECD), referente àquele exercício, o que ocorre em junho do ano subsequente. Então, nesse exemplo, a prestação de contas poderia ser entregue até junho de 2027. **Contudo, não é uma regra; recomendamos sempre consultar o termo de compromisso com os prazos estabelecidos pela prefeitura.**

   Imaginando que o prazo para entrega foi junho de 2027, o que deverá ser apresentado ao Fisco municipal?

   No caso dessa empresa, deverão ser apresentados os demonstrativos contábeis (Balanço Patrimonial, Demonstração do Resultado do Exercício, Demonstração das Mutações do Patrimônio Líquido – geralmente é o que se pede –, entre outros) dos anos de 2022, 2023 (2 anos antes), 2024, 2025 e 2026 (mesmo que o alcance vá até março).

Após análise, e estando tudo conforme, ou seja, comprovado que a empresa não obteve nesses períodos receitas preponderantes de aluguéis ou venda de bens, será concedida a imunidade definitiva. E, daí para frente, não há mais nenhuma obrigação em relação ao Fisco municipal.

Contudo, se for constatado o contrário, o ITBI terá que ser pago, podendo, a critério do Fisco municipal, retroagir ao ano da realização dos bens, havendo incidência de multa, juros e correção monetária.

b. **Exemplo 2**: agora, vamos trabalhar com uma empresa que será constituída para ser uma *holding* familiar –, portanto, não existia. A empresa será constituída dos imóveis do sócio fundador (patriarca), que formarão o seu capital social. A empresa será aberta em junho de 2024.

Os imóveis totalizam R$ 10.000.000,00. A empresa opta por pedir a imunidade do ITBI aos municípios.

Do mesmo modo, aqui fazemos uma consideração. Se a empresa só tiver a atividade de compra, venda e locação, é preciso ter certeza de que nos próximos três anos não haverá venda e locação de bens. Caso contrário, fatalmente perderá a imunidade e terá que recolher o ITBI de todos os imóveis. Portanto, é fundamental essa análise com o cliente. É comum acontecer a venda. Imagine receber uma proposta muito boa para a alienação de determinado imóvel. A receita dessa venda, não havendo outra atividade na empresa, será preponderante, descaracterizando assim a condição para manutenção da imunidade tributária.

Faz-se o requerimento para cada município (apresentaremos o modelo no final deste capítulo).

Provavelmente a imunidade **provisória** será concedida pelo município, e será expedido um termo de compromisso, com as condições a serem cumpridas.

Vamos analisar essa nova condição.

O aporte dos bens para constituição do capital da nova empresa foi realizado em junho de 2024. Como é uma nova empresa, o prazo para apresentação da prestação de contas será junho de 2027, quando passados três anos do aporte. Contudo, é muito comum que quando o prazo termina, antes do final do ano, a prefeitura permita a apresentação no prazo da entrega da ECD, referente àquele exercício, o que ocorre em junho do ano subsequente. Então, nesse exemplo, a prestação de contas poderia ser entregue até junho de 2028. **Contudo, como já mencionado, não é uma regra geral;**

recomendamos sempre consultar o termo de compromisso com os prazos estabelecidos pela prefeitura.

Imaginando que o prazo para entrega foi junho de 2028, o que deverá ser apresentado ao Fisco municipal?

No caso dessa empresa, deverão ser apresentados os demonstrativos contábeis (Balanço Patrimonial, Demonstração do Resultado do Exercício, Demonstração das Mutações do Patrimônio Líquido – geralmente é o que se pede –, entre outros) dos anos de 2024, 2025, 2026 e 2027 (mesmo que o alcance vá até junho).

O restante é igual ao exemplo 1.

3.3 O TEMA 796 DO SUPREMO TRIBUNAL FEDERAL

As regras do ITBI sobre a integralização de bens para capital social eram aplicadas conforme apresentado anteriormente. Isso até 2020, porque no dia 05 de agosto de 2020 o STF, ao julgar determinado caso em que determinada prefeitura negou a imunidade para um contribuinte que constituiu uma empresa com capital nominal de R$ 20.000,00 e integralizou R$ 800.000,00 em bens, deixando a diferença como reservas, proferiu a decisão Tema n. 796, que teve seu trânsito em julgado em 15 de outubro de 2020, com repercussão geral e cuja conclusão reproduzimos – apenas o final – a seguir:

> **Decisão**: O Tribunal, por maioria, apreciando o Tema 796 da repercussão geral, negou provimento ao recurso extraordinário, nos termos do voto do Ministro Alexandre de Moraes, Redator para o acórdão, vencidos os Ministros Marco Aurélio (Relator), Edson Fachin, Ricardo Lewandowski e Cármen Lúcia. Foi fixada a seguinte tese: "A imunidade em relação ao ITBI, prevista no inciso I do § 2º do art. 156 da Constituição Federal, não alcança o valor dos bens que exceder o limite do capital social a ser integralizado". Falaram: pela recorrente, a Dra. Graziela Biason Guimarães; e, pela interessada, o Dr. Ricardo Almeida Ribeiro da Silva. Plenário, Sessão Virtual de 26.6.2020 a 4.8.2020 (STF, 2020).

Portanto, a partir daí começou uma discussão sobre essa questão. Muitos municípios estão aplicando a tese de repercussão geral do STF e limitando a imunidade.

Vamos entender um pouco melhor. A decisão diz: "A imunidade em relação ao ITBI, prevista no inciso I do § 2º do art. 156 da Constituição Federal, não alcança o valor dos bens que exceder o limite do capital social a ser integralizado". Está claro que a decisão diz respeito a casos similares ao do julgamento, ou seja, bens com valor superior ao que foi colocado como valor nominal do capital social. No caso julgado, isso era claro. Vejamos contabilmente.

Quadro 3.2 Balanço Patrimonial
Valor dos bens: R$ 800.000,00

Ativo	Passivo
[...] Imóveis 800.000,00	
	Patrimônio Líquido
	Capital 20.000,00
	Reservas 780.000,00

Parece que o Município e os Tribunais têm razão em achar estranha tal operação e negar a imunidade sobre o valor total dos bens, já que os R$ 780.000,00 não se constituíram efetivamente como capital social da empresa. Isso criou uma situação bastante complicada para todos os contribuintes, porque os municípios que estão aplicando a repercussão geral o estão fazendo comparando o valor do bem aportado como capital com o valor venal instituído.

Relembrando a decisão do STF (2023) – "[…] não alcança o valor dos bens que exceder o limite do capital social a ser integralizado" –, em nosso entendimento, somente em casos similares ao julgado a regra deveria ser aplicada.

Vejamos o problema: por qual valor uma pessoa vai integralizar o bem como capital da empresa? A resposta parece óbvia: pelo valor que consta em sua declaração de Imposto de Renda, porque aquele valor representa o custo efetivamente pago no imóvel, é objetivo e tem seu respaldo no artigo 23 da Lei n. 9.249/1995 ("As pessoas físicas poderão transferir a pessoas jurídicas, a título de integralização de capital, **bens e direitos pelo valor constante da respectiva declaração de bens** ou pelo valor de mercado." – grifo nosso). Até porque, se o fizerem por valor maior, estarão sujeitas ao pagamento de Imposto de Renda sobre ganhos de capital.

Repetindo: não é o entendimento de vários municípios que já vêm aplicando a repercussão geral. Dessa maneira, passou a existir uma imunidade parcial de ITBI a ser verificada no mesmo processo relatado anteriormente, com prestação de contas e o efetivo pagamento de parte do ITBI sobre a diferença entre valor aportado (Imposto de Renda) e valor venal.

Vejamos um exemplo para que isso fique claro.

Vamos imaginar uma empresa que está sendo constituída com quatro imóveis, conforme o Quadro 3.3.

Quadro 3.3 Relação patrimonial da família

Imóvel	Valor no Imposto de Renda	Valor venal	Diferença
Apartamento n. 21	500.000,00	800.000,00	300.000,00
Apartamento n. 15	600.000,00	500.000,00	0,00
Apartamento n. 12	300.000,00	600.000,00	300.000,00
Casa n. 5	700.000,00	1.000.000,00	300.000,00
TOTAL	2.100.000,00	2.900.000,00	900.000,00

Nesse exemplo, o capital social da empresa a ser constituída será de R$ 2.100.000,00, que é a soma do valor dos bens que serão aportados. Portanto, não há nada de errado, os bens são aportados pelo valor constante na Declaração do Imposto de Renda do sócio.

Para os municípios que adotam o Tema 796, o contribuinte obterá a imunidade provisória (a ser verificada no prazo de 3 anos), contudo terá que pagar o ITBI sobre o valor de R$ 900.000,00, que é a diferença entre o valor venal e o valor do Imposto de Renda, nos casos em que o valor do bem no Imposto de Renda for menor que o venal.

A análise é feita bem a bem; por isso, no exemplo anterior, o Apartamento n. 15 não recolherá ITBI sobre a diferença, uma vez que o valor venal é menor.

É importante analisar se, após essa mudança e adoção pelos municípios, é realmente vantajoso solicitar a imunidade. No exemplo em questão, dos R$ 2.100.000,00 de capital social, R$ 900.000,00 será tributado em definitivo. Portanto, está se pleiteando a imunidade (que ainda precisará ser verificada para que obtida definitivamente) de R$ 1.200.000,00.

A alíquota do ITBI varia de município para município, é preciso verificar. Geralmente, fica em torno de 2 a 3%.

Muitas discussões ainda permeiam essa questão, por exemplo, o uso do valor venal pelos municípios, que é estipulado de forma unilateral (pelo Fisco); o direito de aporte do bem pelo valor constante no Imposto de Renda etc.

Já existem ações na justiça discutindo essas e outras questões, que poderão, no futuro, alterar essa regra.

3.4 VALE A PENA SOLICITAR A IMUNIDADE DO IMPOSTO DE TRANSMISSÃO DE BENS IMÓVEIS?

A resposta é: depende.

Claro que, atendidas todas as condições mencionadas para obter definitivamente a imunidade, esta é uma economia que, em muitos casos, pode representar um valor muito significativo. Afinal, ninguém gosta de pagar imposto!

Contudo, é preciso lembrar-se dos riscos. Será que não teremos receita de aluguéis ou de venda de bens nos próximos anos (período sujeito à análise do Fisco municipal)?

Será que o valor é relevante para justificar a imunidade e ainda estar sujeito a fiscalizações da prefeitura no futuro?

Nos municípios em que há a aplicação do Tema 796, a diferença que não será tributada (caso concedida a imunidade) é relevante? Lembrando que, no caso de uma empresa recém-constituída, o contribuinte ficará "preso" durante 3 anos, sem poder alugar ou vender imóveis.

Então, é preciso uma análise bastante criteriosa e cautelosa sobre esse assunto.

Se você é o profissional que fará a *holding*, recomendo que, por escrito, oriente o cliente sobre essa situação. É muito comum o cliente se esquecer dessa regra, vender um imóvel antes do prazo final e, claro, avisar você depois que fez a transação.

3.5 MODELO DE REQUERIMENTO DE IMUNIDADE

Para solicitar a imunidade, é necessária a elaboração de um requerimento dirigido a cada prefeitura na qual a empresa tiver imóvel. Nas capitais e municípios maiores, o processo é todo digital.

Vejamos uma sugestão de requerimento.

Ao Excelentíssimo Senhor Prefeito Municipal de XXXXXXXXXXXXXXXXXXX

CIDADE, XX de XXXXXXX de 2024.

Assunto: Pedido de reconhecimento da imunidade do ITBI sobre a transferência de imóveis em realização de Capital.

XXXXXXXXXXXXX PARTICIPAÇÕES E ADMINISTRAÇÃO DE BENS PRÓPRIOS LTDA., inscrita no CNPJ sob o número XXXXXXX/0001-XX, localizada na XXXXXXXXXX, XXX, Centro, XXXXX-SP, vem por meio desta solicitar o reconhecimento da imunidade do ITBI sobre a transferência dos imóveis em anexo, para

realização de seu capital, conforme previsão expressa no artigo 156, parágrafo 2º, I, da Constituição Federal.
A Empresa iniciou suas atividades em XX de XXXXXX de 202X e tem como objetivo social, conforme cláusula 3ª do Contrato Social, a gestão de participações societárias em outras empresas, *holding* não instituição financeira; administração de bens imóveis próprios, aluguéis de bens imóveis próprios residenciais e não residenciais, loteamento de imóveis próprios; compra e venda de imóveis próprios.
A Constituição Federal, em seu artigo 156, parágrafo 2º, I, garante a imunidade do ITBI sobre a transferência de imóveis em realização de capital:

> Artigo 156. Compete aos Municípios instituir impostos sobre:
> [...]
> II – transmissão *"inter vivos"*, a qualquer título, por ato oneroso, de bens imóveis, por natureza ou acessão física, e de direitos reais sobre imóveis, exceto os de garantia, bem como cessão de direitos a sua aquisição;
> [...]
> § 2º – O imposto previsto no inciso II:
> I – não incide sobre a transmissão de bens ou direitos incorporados ao patrimônio de pessoa jurídica em realização de capital, nem sobre a transmissão de bens ou direitos decorrente de fusão, incorporação, cisão ou extinção da pessoa jurídica, salvo se, nesses casos, a atividade preponderante do adquirente for a compra e venda desses bens ou direitos, locação de bens imóveis ou arrendamento mercantil;
> [...]

Já o artigo 37, parágrafo 2º, do Código Tributário Nacional, prevê que, nos casos em que a pessoa jurídica adquirente for recém-constituída ou tiver iniciado suas atividades em menos de dois anos antes da aquisição, será verificado se sua atividade é considerada preponderante de compra, venda, locação ou arrendamento mercantil de imóveis nos três anos seguintes à integralização do seu capital.
Conforme entendimento jurisprudencial:

> "ITBI. IMÓVEL INCORPORADO AO PATRIMÔNIO DA PESSOA JURÍDICA EM REALIZAÇÃO DE CAPITAL. NÃO-INCIDÊNCIA. Quando a transmissão do bem imóvel for efetuada em realização de capital, somente ocorre o fato gerador do ITBI quando a pessoa jurídica adquirente auferir, nos dois anos anteriores e nos dois subseqüentes à aquisição, mais da metade de sua receita operacional em negócios imobiliários. Se suas atividades tiverem início após a aquisição, ou menos de dois anos antes dela, essa receita deverá ser apurada no triênio seguinte. Inteligência dos arts. 156, § 2º, inc. I, da Constituição Federal, e 37, §§ 1º e 2º, do Código Tributário Nacional. Diante de todo o exposto, voto pelo desprovimento do recurso e manutenção da sentença em sede de reexame necessário, embora por outros fundamentos, ressalvando-se a possibilidade de cobrança do ITBI, se nos três anos posteriores

à incorporação do bem a atividade preponderante da empresa seja alguma das apontadas no artigo 156, § 2º, I, *in fine*, da Constituição da República. [...]" (TJPR – 1ª Câmara Cível – Autos n. 363.330-9 – Des. Relator: Ruy Cunha Sobrinho – DJ de 16/02/2007).

Desse modo, como a Empresa em comento iniciou suas atividades em XX de XXXXXXXXX de 202X, conforme Comprovante de Situação Cadastral no CNPJ e Contrato Social, anexos, aplica-se a regra do artigo 37, parágrafo 2º, do CTN, devendo ser concedida, de plano, a Certidão de Imunidade Tributária em relação ao ITBI.

Nestes termos,

Pede deferimento

Nome do Sócio (PAI/MÃE)
CPF xxxxxxxxxxxxx

Anexo – Relação de bens aportados

1) APARTAMENTO N. 21, localizado no 6º andar do EDIFÍCIO XXXX, situado à xxxxxxx e rua XXXXX, no bairro XXXXXX, contendo área útil de 58,03 m², área de terraço de 3,48 m², área de garagem (uma vaga indeterminada) de 26,37 m², área comum coberta de 14,25 m², área comum descoberta de 9,36 m² e área total de 111,49 m², com uma correspondente fração ideal no terreno de 1/60, cabendo ao referido apartamento o direito a guarda e estacionamento de um único automóvel de passeio na garagem localizada no 1º e 2º subsolo e o estacionamento do pavimento térreo, em vagas individuais e indeterminadas, sujeitas ao uso de manobrista. Conforme averbação 02/110.XXX de 25/03/19xx, o prédio recebeu o n. 37 da referida avenida. Conforme matrícula n. 110.XXX, do 15º cartório de registro de imóveis de XXXXX – SP. VALOR: R$ 250.000,00. Inscrição Municipal n. XXXXXXXXXXXXX.

É importante que, nesse anexo, os imóveis estejam descritos detalhadamente e que conste o número da inscrição municipal.

Deverá ser elaborado um requerimento para cada município onde a *holding* tiver imóvel.

O requerimento deverá ser instruído com a cópia do Contrato Social da empresa, o comprovante de inscrição no CNPJ, a cópia dos documentos do requerente e a cópia de documentos dos imóveis (certidão do cadastro imobiliário).

REFERÊNCIAS

BRASIL. *Constituição da República Federativa do Brasil de 1988*. Disponível em: https://www.planalto.gov.br/ccivil_03/Constituicao/Constituicao.htm. Acesso em: 16 fev. 2024.

BRASIL. *Lei n. 5.172, de 25 de outubro de 1966*. Dispõe sobre o Sistema Tributário Nacional e institui normas gerais de direito tributário aplicáveis à União, Estados e Municípios. Disponível em: https://www.planalto.gov.br/ccivil_03/LEIS/L5172Compilado.htm. Acesso em: 16 fev. 2024.

BRASIL. *Lei n. 9.249, de 26 de dezembro de 1995*. Altera a legislação do Imposto de Renda das pessoas jurídicas, bem como da contribuição social sobre o lucro líquido, e dá outras providências. Disponível em: https://www.planalto.gov.br/ccivil_03/Leis/L9249.htm. Acesso em: 16 fev. 2024.

SUPREMO TRIBUNAL FEDERAL. *Tema 796*. Alcance da imunidade tributária do ITBI, prevista no art. 156, § 2º, I, da Constituição, sobre imóveis incorporados ao patrimônio de pessoa jurídica, quando o valor total desses bens excederem o limite do capital social a ser integralizado. Disponível em: https://portal.stf.jus.br/jurisprudenciaRepercussao/verAndamentoProcesso.asp?incidente=4529914&numeroProcesso=796376&classeProcesso=RE&numeroTema=796. Acesso em: 16 fev. 2024.

Capítulo 4

O REGISTRO DE IMÓVEIS

4.1 INTRODUÇÃO

O marco temporal do sistema de registro de imóveis e propriedades no Brasil data de 1843, com a assinatura da Lei n. 317. Contudo, foi o Código Civil de 1916 (Lei n. 3.071, de 1º de janeiro de 1916) que estabeleceu os fundamentos do Registro de Imóveis. A partir dessa data ficou obrigatório o registro de transcrições, transmissões e dos direitos reais sobre coisa alheia para efetiva validade contra terceiros, o que estava determinado no artigo 859 do antigo código:

> Art. 859. Presume-se pertencer o direito real à pessoa, em cujo nome se inscreveu, ou transcreveu. (BRASIL, 1916)

O Código Civil Brasileiro atual (Lei n. 10.406, de 10 de janeiro de 2002) ratifica tal posicionamento, de que o registro de imóveis é o ato que efetivamente confere a propriedade ao comprador ou recebedor do imóvel. Essa disposição está contida no artigo 1.227 do referido Código Civil:

Art. 1.227. Os direitos reais sobre imóveis constituídos, ou transmitidos por atos entre vivos, só se adquirem com o registro no Cartório de Registro de Imóveis dos referidos títulos (arts. 1.245 a 1.247), salvo os casos expressos neste Código.

O registro de imóveis tem três principais finalidades:

1. Publicidade: o registro de imóveis busca conferir publicidade aos atos que envolvem imóveis, permitindo que terceiros possam acessar as informações sobre a propriedade, como titularidade, ônus, direitos reais, entre outros. Isso dá segurança para quem pretende adquirir um imóvel, pois é possível verificar sua situação jurídica.

2. Autenticidade: o registro confere autenticidade aos atos praticados em relação ao imóvel. Isso significa que, ao registrar um ato imobiliário, como uma compra e venda ou uma hipoteca, as informações se tornam públicas e são consideradas oficiais e válidas perante terceiros.

3. Segurança jurídica: o registro de imóveis proporciona segurança jurídica aos proprietários. Quando registra a propriedade do imóvel, o proprietário tem seu direito garantido perante terceiros e protegido contra possíveis conflitos de interesse, como disputas de propriedade, contratos não registrados, entre outros.

O procedimento de registro de imóveis envolve a análise da documentação adequada para a transferência de propriedade e a apresentação de requerimentos e taxas no cartório competente. Após a análise e verificação de conformidade, o registro imobiliário é efetuado, gerando uma matrícula que identifica o imóvel e seus históricos.

Em suma, o registro de imóveis é essencial para garantir a segurança e legalidade nas transações envolvendo bens imóveis, assegurando que os direitos dos proprietários sejam protegidos e que terceiros possam consultar as informações sobre o imóvel e confiar nelas.

Desse modo, é fundamental que após o registro do Contrato Social da *holding* na Junta Comercial seja providenciado o registro dos imóveis constantes do contrato para o nome da *holding*.

Vamos relembrar os passos para que você possa chegar a esse estágio do registro de imóveis:

a. elaboração do Contrato Social da *holding*;
b. registro do Contrato Social na Junta Comercial;
c. pedido de imunidade do Imposto sobre Transmissão de Bens Imóveis (ITBI) na(s) prefeitura(s);[1]
d. registro de imóveis.

---

[1] Etapa opcional. Depende do planejamento da *holding*. Vide Capítulo 3, *Imposto de Transmissão de Bens Imóveis*, para mais detalhes.

A etapa de elaboração final do Contrato Social da *holding* com doação das cotas poderá ser feita antes do registro de imóveis, mas o caminho normal é que seja feita ao final.

O registro dos imóveis para o nome da *holding* poderá ser feito com o próprio Contrato Social registrado na Junta Comercial, desde que neste tenham sido detalhados os bens, do mesmo modo que consta nas matrículas. Isso é muito importante, porque, se assim estiverem, eliminam os custos de elaboração de escrituras públicas em tabelionatos de notas.

4.2 COMO ORÇAR O VALOR DO REGISTRO DOS IMÓVEIS

O processo de registro de imóveis avançou muito, e hoje se tornou quase totalmente digital.

> É importante que você realize uma apuração e todos os custos para o seu cliente antes de começar a planejar a *holding*. E o custo de registro é um dos principais. Atualmente é bastante simples de fazer isso, porque é possível realizá-lo via internet, no *site* https://www.registrodeimoveis.org.br/calculadora, por meio do QR Code ao lado.

uqr.to/1o863

Ao acessar o endereço, a tela apresentada na Figura 4.1 será exibida.

Figura 4.1 Calculadora de Emolumentos.
Fonte: https://www.registrodeimoveis.org.br/.

É possível consultar qualquer estado e qualquer município.

Vamos utilizar como exemplo dois imóveis, com o mesmo valor venal (R$ 1.000.000,00), um situado no município de Santos (SP) e outro no município de Belo Horizonte (MG). Iniciaremos o procedimento com o imóvel localizado em Santos, conforme Figura 4.2.

Figura 4.2 Dados do primeiro município – Santos.
Fonte: https://www.registrodeimoveis.org.br/.

Ao clicar em "REGISTRO EM GERAL", aparecerá uma calculadora na qual inseriremos o valor do imóvel; em seguida, clicaremos em "Calcular" para obter o valor dos custos. Veja nas Figuras 4.3 e 4.4.

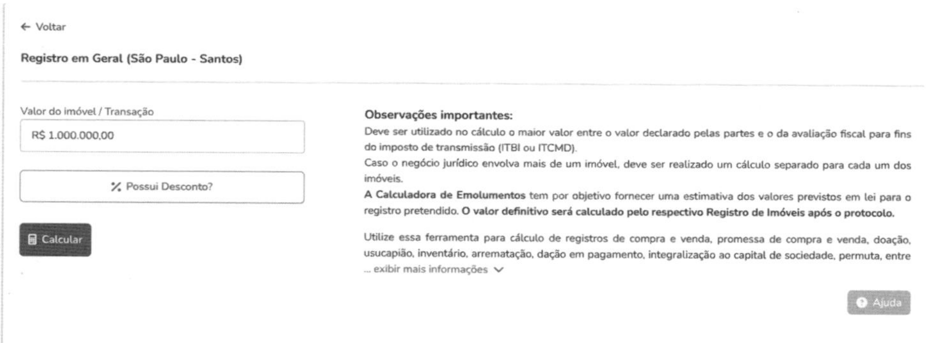

Figura 4.3 Informação sobre o valor do primeiro imóvel consultado.
Fonte: https://www.registrodeimoveis.org.br/.

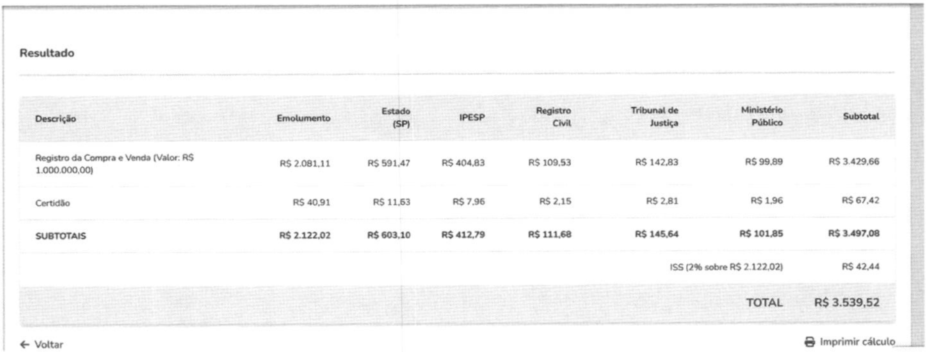
Resultado

Descrição	Emolumento	Estado (SP)	IPESP	Registro Civil	Tribunal de Justiça	Ministério Público	Subtotal
Registro da Compra e Venda (Valor: R$ 1.000.000,00)	R$ 2.081,11	R$ 591,47	R$ 404,83	R$ 109,53	R$ 142,83	R$ 99,89	R$ 3.429,66
Certidão	R$ 40,91	R$ 11,63	R$ 7,96	R$ 2,15	R$ 2,81	R$ 1,96	R$ 67,42
SUBTOTAIS	**R$ 2.122,02**	**R$ 603,10**	**R$ 412,79**	**R$ 111,68**	**R$ 145,64**	**R$ 101,85**	**R$ 3.497,08**
						ISS (2% sobre R$ 2.122,02)	R$ 42,44
						TOTAL	R$ 3.539,52

← Voltar
Imprimir cálculo

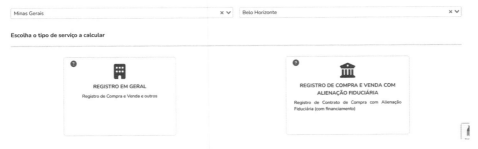

Figura 4.4 Resultado do cálculo para o imóvel localizado em Santos.
Fonte: https://www.registrodeimoveis.org.br/.

Pronto! O cálculo aparecerá completo.

Agora, basta repetir esse procedimento com o imóvel localizado em Belo Horizonte, conforme Figuras 4.5, 4.6 e 4.7.

Figura 4.5 Dados do segundo município – Belo Horizonte.
Fonte: https://www.registrodeimoveis.org.br/.

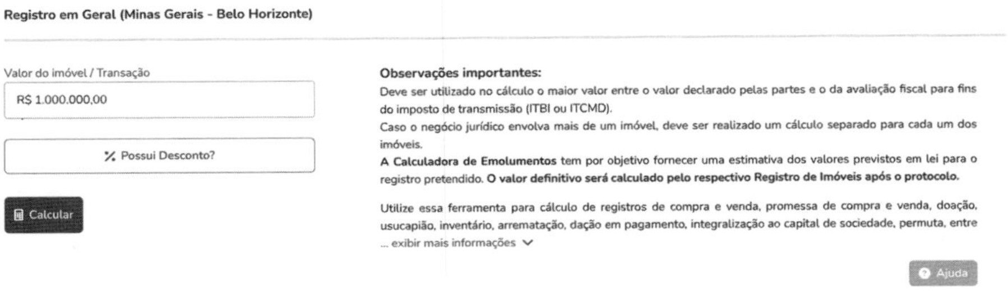

Figura 4.6 Informação sobre o valor do segundo imóvel consultado.
Fonte: https://www.registrodeimoveis.org.br/.

Resultado

Descrição	Emolumento	Taxa de fiscalização	Registro Civil - 6%	Subtotal
Registro da Compra e Venda (Valor: R$ 1.000.000,00)	R$ 3.180,50	R$ 2.602,21	R$ 190,82	R$ 5.973,53
Certidão Inteiro Teor/Resumo	R$ 24,92	R$ 9,33	R$ 1,49	R$ 35,74
Prenotação	R$ 43,59	R$ 9,33	R$ 2,61	R$ 55,53
SUBTOTAIS	R$ 3.249,01	R$ 2.620,87	R$ 194,92	R$ 6.064,80
			ISS (5% sobre R$ 3.443,93)	R$ 172,20
			TOTAL	R$ 6.237,00

Figura 4.7 Resultado do cálculo para o imóvel localizado em Belo Horizonte.
Fonte: https://www.registrodeimoveis.org.br/.

Com base nos exemplos trabalhados, constatamos a importância de realizar os cálculos previamente, utilizando a ferramenta disponível para dois imóveis em localidades distintas, com o mesmo valor de imóvel e custos totalmente diferentes.

Outro ponto a ser comentado é que o registro sempre é feito com base no valor venal do imóvel ou no valor aportado no Contrato Social, se este for maior. Vejamos outro exemplo a seguir.

Uma empresa está sendo constituída com quatro imóveis, conforme consta no Quadro 4.1.

Quadro 4.1 Relação patrimonial da família

Imóvel	Valor no Imposto de Renda	Valor venal
Apartamento n. 21	500.000,00	800.000,00
Apartamento n. 15	600.000,00	500.000,00
Apartamento n. 12	300.000,00	600.000,00
Casa n. 5	700.000,00	1.000.000,00
TOTAL	2.100.000,00	2.900.000,00

O imóvel "Apartamento n. 15" terá como base de cálculo para registro o valor R$ 600.000,00 (valor constante no Imposto de Renda e utilizado para aporte na empresa), porque esse é o valor maior. Nos demais casos, por sua vez, a base de cálculo para registro de imóveis serão os valores venais.

4.3 DESCRIÇÃO DOS IMÓVEIS NO CONTRATO SOCIAL

Conforme mencionado anteriormente, para que não seja necessária a elaboração de escritura pública, é preciso que os bens estejam muito bem detalhados no Contrato Social da *holding*.

Esse detalhamento deve seguir exatamente o que consta na matrícula que está arquivada no registro de imóveis da localidade do imóvel. Além de transcrever o início da matrícula, é preciso transcrever todas as averbações importantes, que impliquem construções, mudança de denominação, logradouro ou numeração etc. Não é necessário transcrever averbações de troca de proprietário e que não modifiquem a estrutura do imóvel.

O primeiro passo para que você possa transcrever corretamente os imóveis no Contrato Social da *holding* é obter uma cópia atualizada da matrícula de cada imóvel. Atualmente, conseguir essa cópia é muito fácil, pois é possível emiti-la via internet no seguinte *site*: https://registradores.onr.org.br. Nesse endereço, você insere créditos (pagamento via Pix, boleto ou cartão) e, com isso, pode emitir as matrículas.

Vejamos um exemplo na Figura 4.8.

-.9.486- -1- LIVRO N.º 2 - REGISTRO GERAL

O oficial

IMÓVEL:- Um terreno constituido pela chácara nº 1, da quadra -
"N", do loteamento denominado Chácaras de Recreio da Fazenda -
Santa Maria, bairro do Vossoroca, encerrando a área total de -
4.138,30 metros quadrados, com as seguintes medidas e confrontações: na frente onde mede 24,50 metros, com a Rua nº 4, e --
mais 12,40 metros, em curva, com a confluência dessa rua com a
Rua nº 11, daí segue em reta 94,50 metros, dividindo com a referida rua 11, com a qual faz esquina; pelo lado esquerdo, onde mede 100,00 metros, com a Chácara nº 2, e pelos fundos onde

Figura 4.8 Exemplo de matrícula.
Fonte: autor.

Todo esse texto precisará ser transcrito no Contrato Social. Assim como alterações importantes, conforme Figura 4.9.

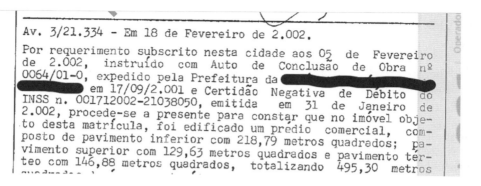

Figura 4.9 Exemplo de averbação importante que precisa ser transcrita.
Fonte: autor.

Vamos a um exemplo prático: uma empresa com cinco imóveis situados em diversas localidades. Inicialmente, é preciso:

- **Passo 1**: obter as matrículas;
- **Passo 2**: realizar a transcrição, conforme texto a seguir.

1) **UNIDADE AUTÔNOMA N. 10**, modelo DUPLO, localizado no 12º pavimento, ou 10º andar, do empreendimento denominado "CONDOMÍNIO XXXXX", situado à Avenida XXXXXXXX, N. 386, e Rua XXXXX, N. 293, nesta Cidade e Comarca de XXXXXXXXX – SP, contendo: sala, lavabo, cozinha, lavanderia, despensa, banheiro de serviços, sala íntima, escritório, duas varandas, três dormitórios, três *closets*, três banheiros e três vagas determinadas pelo número da unidade na garagem comum do empreendimento, com área privativa de 298 m², área comum de 236,5040 m², área de garagem de 39 m² e área total de 573,5043 m², correspondendo-lhe uma fração ideal de 3,7983% no terreno e demais coisas comuns do empreendimento. Conforme matrícula n. 28.7XX, do Registro de Imóveis de XXXXXX – SP. Adquirido em 07/02/2001. VALOR: R$ 129.349,00.

2) **UNIDADE AUTÔNOMA N. 8**, modelo TIPO, localizada no 10º pavimento, ou 8º andar, do empreendimento denominado "CONDOMÍNIO EDIFÍCIO XXXXXX", situado à XXXXXXX, N. 386, e Rua XXXXXXXXX, N. 29X, nesta Cidade e Comarca de XXXXXXXXX – SP, contendo: sala, sala de TV, lavabo, cozinha, lavanderia, banheiro de serviço, varanda, quatro dormitórios, dois banheiros e duas vagas determinadas pelo número da unidade na garagem comum do empreendimento, com área privativa de 149 m², área comum de 120,6730 m², área de garagem de 26 m² e área total de 295,6730 m², correspondendo-lhe uma fração ideal de 1,9380% no terreno e demais coisas comuns do empreendimento. Conforme matrícula n. 28.7XX, do Registro de Imóveis de XXXXXXXX – SP. Adquirido em 07/02/2001. VALOR: R$ 54.997,41.

3) **UMA FRAÇÃO IDEAL** correspondente a 4,1350609% de **UM TERRENO** formado pela unificação de duas glebas distintas, frontariando a Avenida XXXXXXXX e as Ruas XXXXXXXXX e Barão XXXXXXX, dessa cidade, com área de 1.477,34 m^2 e a descrição seguinte: na frente, medindo 28,90 metros, com a Avenida XXXXXXXX, e depois, em curva de raio de 3,50 metros, mais 6,90 metros na confluência da Avenida XXXXXXXXX e Rua XXXXXX; no lado direito de quem, da Avenida Barão XXXXXXX, olha para o terreno, mede 46,20 metros, confrontando com o alinhamento da Rua XXXXXX; no lado esquerdo, confronta com propriedade de XXXXXXXX, na extensão de 44,37 metros; no fundo, mede 28,67 metros com o alinhamento da Rua Barão de XXXXXXXXXX, e depois, em curva de raio de 2,50 metros, mais 3,70 metros, na confluência das Ruas Barão XXXXXXXX e XXXXXXXX, em solução ao compromisso de venda e compra, retratado no R.3, cedido nos R.8 e R.30 de ordem. Apartamento n. 10, Edifício XXXXXX. Conforme matrícula n. 50.000, do Segundo Oficial de Registro de Imóveis de XXXXXXX – SP. VALOR: R$ 250.000,00.

4) 50% de UM TERRENO constituído pela chácara n. 50 da quadra "N", do loteamento denominado "Chácaras XXXXXXXXXXXXXXXXXXX", bairro XXXXXXX, encerrando a área total de 3.491,80 m^2, com as seguintes medidas e confrontações: na frente, mede 24,50 metros, com a Rua 04, e mais 12,20 metros, em curva, com a confluência da Rua 04 com a Rua 11; pelo lado direito de quem olha para o terreno, mede 100,00 metros, com a Chácara n. 51; pelo lado esquerdo, mede 93,00 metros, com a Rua n. XX, com a qual faz esquina, e pelos fundos mede 38,00 metros, com propriedade de XXXXXXXXXXXX. (Averbação n. 6). **Conforme Averbação n. 9**, foi construído **PRÉDIO QUE RECEBEU O NÚMERO 01**, da Rua X com a Rua XX, com área construída de 548,53 m^2, conforme habite-se n. 081/01, expedido em 29 de junho de 2001, pela Prefeitura Municipal de XXXXXXXXXXXXX. Município e comarca de XXXXXXXXXX – SP. Conforme matrícula n. 6.84X, do Primeiro Cartório de Registro de Imóveis e Anexos de XXXXXXXXXX – SP. VALOR: R$ 1.300.000,00.

5) **UM PRÉDIO industrial**, com área de 2.977,15 m^2 de construção, e seu respectivo TERRENO, com área de 5.333,00 m^2, formado pelos lotes 1 e 11, da Quadra 1, da Vila XXXXXXXXXX, no bairro XXXXXXXXXX, perímetro urbano, deste Município e comarca de XXXXXXXXXX – SP, medindo 135,50 metros de frente para a Rua XXXXXXXXXXXX; 52,20 metros de um lado com XXXXXXXXX; 18,00 metros em curva, entre a Rua XXXXXXXXXXXXX e a Via XXXXXXXXXX; e 146,40 metros para a Via XXXXXXXXXXX. Imóvel perfeitamente descrito e caracterizado na matrícula n. 3.107 do Oficial de Registro de Imóveis de XXXXXXXXX. VALOR: R$ 240.217,59.

Todo detalhe inserido é importante para evitar que o registro de imóveis devolva o processo com exigências. Qualquer erro de descrição ou número de matrícula pode causar essa devolução, e, se isso ocorrer, todo o processo precisa ser reiniciado.

Essa transcrição pode ser feita no corpo do Contrato Social ou anexa ao Contrato Social.

4.4 MODELO DE REQUERIMENTO DE REGISTRO

Para levar a registro os imóveis transferidos para *holding*, é preciso que seja elaborado um requerimento formal para o Oficial Registro de Imóveis.

Apresentamos a seguir um modelo que pode ser usado para essa finalidade.

Cidade, xx de xxxxxxx de 2024

Ao XXº Cartório de Registro de Imóveis de XXXXXXXXX

Assunto: Requerimento de Registro de Transmissão de Imóvel

NOME DA EMPRESA, CNPJ: XXXXXXX/XXXXX-XX, estabelecida na XXXXXXXXXXXXXXX, XXXX – bairro XXXX – XXXXXXX – CEP XXXXXXXX, por seu administrador representante legal, XXXXX (PAI), brasileiro, casado no regime de comunhão universal de bens, empresário, residente e domiciliado na XXXXXXXX, n. XX, bairro XXXXXXX, XXXXXXXX – SP, portador do CPF n. xxxxxxxxxxx e RG n. xxxxxxxxx, e sua esposa, XXXXXXXXXXXXX, brasileira, casada, empresária, residente e domiciliada na XXXXXXXXXXX, n. XX, bairro XXXXXXXX, XXXXXXXX – SP, portadora do CPF n. xxxxxxxxxxxx e RG n. xxxxxxxx, vem por meio deste requerer que sejam registradas as transmissões dos imóveis, com matrículas: xxxxx, xxxxxx etc., que foram integralizados como capital desta empresa.

Sem mais para o momento,

Atenciosamente,

_____ _____
                PAI   MÃE

REFERÊNCIAS

178 anos do marco legal do Registro de Imóveis brasileiro. *Registro de Imóveis do Brasil*, 21 de outubro de 2021. Disponível em: https://www.registrodeimoveis.org.br/178-anos-registro-de-imoveis. Acesso em: 16 fev. 2024.

BRASIL. *Lei n. 3.071, de 1º de janeiro de 1916*. Código Civil dos Estados Unidos do Brasil. Disponível em: https://www.planalto.gov.br/ccivil_03/leis/l3071.htm. Acesso em: 16 fev. 2024.

BRASIL. *Lei n. 6.015, de 31 de dezembro de 1973*. Dispõe sobre os registros públicos, e dá outras providências. Disponível em: https://www.planalto.gov.br/ccivil_03/Leis/L6015compilada.htm. Acesso em: 16 fev. 2024.

BRASIL. *Lei n. 6.216, de 30 de junho de 1975*. Altera a Lei n. 6.015, de 31 de dezembro de 1973, que dispõe sobre os registros públicos. Disponível em: https://www.planalto.gov.br/ccivil_03/Leis/L6216.htm. Acesso em: 16 fev. 2024.

BRASIL. *Lei n. 10.406, de 10 de janeiro de 2002*. Institui o Código Civil. Disponível em: https://www.planalto.gov.br/ccivil_03/LEIS/2002/L10406compilada.htm. Acesso em: 16 fev. 2024.

REGISTRADORES. Disponível em: https://registradores.onr.org.br/. Acesso em: 16 fev. 2024.

REGISTRO DE IMÓVEIS DO BRASIL. Disponível em: https://www.registrodeimoveis.org.br/. Acesso em: 16 fev. 2024.

Capítulo 5

IMPOSTO DE TRANSMISSÃO *CAUSA MORTIS* E DOAÇÃO

5.1 INTRODUÇÃO

O Imposto sobre Transmissão *Causa Mortis* e Doação (ITCMD) é o principal quando falamos em sucessão.

Neste capítulo, abordaremos o conceito e as principais características do ITCMD, os benefícios de utilizar a estrutura das *holdings* familiares para redução de seu custo, bem como o processo detalhado de sucessão, as regras do ITCMD no estado de São Paulo e um exemplo prático de como fazer a doação das cotas e preencher a declaração para o Estado.

5.2 O IMPOSTO

O ITCMD é o imposto sobre doações de quaisquer bens ou direitos, bem como sobre a transmissão em sucessão por *causa mortis*, previsto no inciso I do artigo 155 da Constituição Federal de 1988, que atribuiu a competência de sua instituição e regulamentação aos Estados e ao Distrito Federal. Vejamos o dispositivo legal:

> Art. 155. Compete aos Estados e ao Distrito Federal instituir impostos sobre:
> I – transmissão *causa mortis* e doação, de quaisquer bens ou direitos;
> [...].

O § 1º do mesmo artigo determina que o ITCMD:

> I – relativamente a bens imóveis e respectivos direitos, compete ao Estado da situação do bem, ou ao Distrito Federal
> II – relativamente a bens móveis, títulos e créditos, compete ao Estado onde se processar o inventário ou arrolamento, ou tiver domicílio o doador, ou ao Distrito Federal;
> III – terá competência para sua instituição regulada por lei complementar:
> a) se o doador tiver domicilio ou residência no exterior;
> b) se o de cujus possuía bens, era residente ou domiciliado ou teve o seu inventário processado no exterior;
> IV – terá suas alíquotas máximas fixadas pelo Senado Federal;
> [...].

Portanto, o ITCMD poderá ser recolhido no estado da situação do bem, em se tratando de imóveis, ou no estado do domicílio do doador ou falecido, quando se tratar de bens móveis, títulos e créditos. Esse é o primeiro ponto que teremos que ter atenção. No caso das *holdings*, o que será doado serão cotas de capital da empresa que foi constituída, logo, aplica-se a regra do estado do domicílio. Então, se a empresa, por exemplo, estiver no estado de São Paulo, o imposto será recolhido ali, independentemente de ela (a empresa) ter bens imóveis em várias unidades federativas do Brasil ou até mesmo no exterior.

Outro ponto importante é que, conforme o item IV, mencionado anteriormente, o Senado Federal é que deve instituir a alíquota máxima do imposto, e assim foi feito pela Resolução n. 9, de 1992:

> RESOLUÇÃO N. 9, DE 1992
> Estabelece alíquota máxima para o Imposto sobre Transmissão *Causa Mortis* e Doação, de que trata a alínea "a", inciso l, e § 1º, inciso IV do art. 155 da Constituição Federal.
> O SENADO FEDERAL resolve:
> Art. 1º. A alíquota máxima do imposto de que trata a *alínea* a, inciso I, do art. 155 da Constituição Federal será de oito por cento, a partir de 1º de janeiro de 1992.
> Art. 2º. As alíquotas dos impostos, fixadas em lei estadual, poderão ser progressivas em função do quinhão que cada herdeiro efetivamente receber, nos termos da Constituição Federal.
> Art. 3º. Esta resolução entra em vigor na data de sua publicação.

Art. 4º. Revogam-se as disposições em contrário.
Senado Federal, 5 de maio de 1991.
SENADOR MAURO BENEVIDES
Presidente

Essa resolução, em vigor até os dias atuais, estipula que a alíquota máxima que pode ser cobrada a título de ITCMD é de 8%. Outro ponto importante é que também permite a progressividade da alíquota em razão do quinhão de cada herdeiro, ou seja, quanto maior a herança, a alíquota vai subindo até o limite de 8%.

Conforme mencionado anteriormente, a Constituição Federal atribui a competência pela instituição e regulamentação do ITCMD aos Estados e ao Distrito Federal. Desse modo, cada um desses entes tem leis específicas para tratar sobre o imposto, estabelecendo regras, alícotas, base de cálculo, isenções, obrigações acessórias e demais aspectos.

Assim, recomendamos que, ao planejar uma *holding*, seja analisada a legislação do estado em que ela será criada.

Vejamos a seguir as alíquotas aplicadas de ITCMD nos estados brasileiros e no Distrito Federal, bem como as legislações correspondentes.

Quadro 5.1 Alíquotas e legislações do Imposto de Transmissão *Causa Mortis* e Doação no Brasil

Estado	Alíquota	Legislação
Acre	4% (quatro por cento), nas transmissões *causa mortis*; e 2% (dois por cento), nas transmissões por doação.	Lei Complementar n. 112/2002 Lei Estadual n. 271/2013 Lei n. 21/1988
Alagoas	4% (quatro por cento), nas transmissões *causa mortis*; e 2% (dois por cento), nas transmissões por doação.	Lei Estadual n. 5.077/1989 Decreto n. 10.306/2011 IN n. 18/2013 IN n. 14/2015
Amapá	4% (quatro por cento), nas transmissões *causa mortis*; e 3% (três por cento), nas doações de quaisquer bens e direitos.	Decreto n. 3.601/2000 Decreto n. 7.871/2003 Decreto n. 3.056/2005
Amazonas	A alíquota do imposto é única de 2% (dois por cento).	Lei Complementar n. 19/1997
Bahia	I – 3,5% (três inteiros e cinco décimos por cento), nas doações de quaisquer bens ou direitos; II – nas transmissões *causa mortis*: a) 4% (quatro por cento), para espólio de R$ 100.000,00 (cem mil reais) a até R$ 200.000,00 (duzentos mil reais);	Lei Estadual n. 4.826/1989 Decreto n. 2.487/1989

(continua)

(continuação)

	b) 6% (seis por cento), para espólio acima de R$ 200.000,00 (duzentos mil reais) até R$ 300.000,00 (trezentos mil reais); c) 8% (oito por cento), para espólio acima de R$ 300.000,00 (trezentos mil reais).	
Ceará	I – nas transmissões *causa mortis*: a) 2% (dois por cento), até 10.000 (dez mil) Ufirces; b) 4% (quatro por cento), acima de 10.000 (dez mil) até 20.000 (vinte mil) Ufirces; c) 6% (seis por cento), acima de 20.000 (vinte mil) até 40.000 (quarenta mil) Ufirces; d) 8% (oito por cento), acima de 40.000 (quarenta mil) Ufirces; II – nas transmissões por doação: a) 2% (dois por cento), até 25.000 (vinte e cinco mil) Ufirces; b) 4% (quatro por cento), acima de 25.000 (vinte e cinco mil) até 150.000 (cento e cinquenta mil) Ufirces; c) 6% (seis por cento), acima de 150.000 (cento e cinquenta mil) até 250.000 (duzentas e cinquenta mil) Ufirces; d) 8% (oito por cento), acima de 250.000 (duzentas e cinquenta mil) Ufirces.	Lei Estadual n. 15.812/2015
Distrito Federal	I – 4% (quatro por cento) sobre a parcela da base de cálculo que não exceda a R$ 1.171.912,08; II – 5% (cinco por cento) sobre a parcela da base de cálculo que exceda R$ 2.343.824,16; III – 6% (seis por cento) sobre a parcela da base de cálculo que exceda R$ 2.343.824,16.	Decreto n. 34.982/2013
Espírito Santo	A alíquota do imposto é única de 4% (quatro por cento).	Lei Estadual n. 10.011/2013
Goiás	A alíquota do imposto é única de 4% (quatro por cento). Aplica-se a alíquota de 2% (dois por cento) às transmissões *causa mortis* cuja abertura da sucessão tenha ocorrido em data anterior a 1º de janeiro de 1967.	Lei Estadual n. 11.651/1991
Maranhão	As alíquotas do ITCMD são: a) 1% (um por cento), caso a soma dos valores venais não seja superior a R$ 100.000,00, respeitadas as isenções previstas em lei; b) 1,5% (um e meio por cento), caso a soma dos valores venais seja superior a R$ 100.000,00 e se estenda até R$ 300.000,00;	

(continua)

Capítulo 5 • Imposto de Transmissão *Causa Mortis* e Doação | 59

(continuação)

	c) 2% (dois por cento), caso a soma dos valores venais seja superior a R$ 300.000,00. Em quaisquer outras hipóteses, bem como na transmissão *causa mortis*, as alíquotas do imposto são: a) 3% (três por cento), caso a soma dos valores venais se estenda até R$ 300.000,00; b) 4% (quatro por cento), caso a soma dos valores venais seja superior a R$ 300.000,00 e se estenda até R$ 600.000,00; c) 5% (cinco por cento), caso a soma dos valores venais seja superior a R$ 600.000,00 e se estenda até R$ 900.000,00; d) 6% (seis por cento), caso a soma dos valores venais seja superior a R$ 900.000,00 e se estenda até R$ 1.200.000,00; e) 7% (sete por cento), caso a soma dos valores venais exceda a R$ 1.200.000,00.	Lei Estadual n. 7.799/2002
Mato Grosso	I – nas transmissões *causa mortis*: a) Até 1.500 (mil e quinhentas) UPF/MT Isento; b) Acima de 1.500 (mil e quinhentas) até 4.000 (quatro mil) UPF/MT 2% (dois por cento); c) Acima de 4.000 (quatro mil) até 8.000 (oito mil) UPF/MT 4% (quatro por cento); d) Acima de 8.000 (oito mil) até 16.000 (dezesseis mil) UPF/MT 6% (seis por cento); e) Acima de 16.000 (dezesseis mil) UPF/MT 8% (oito por cento); II – Nas doações: a) Até 500 (quinhentas) UPF/MT Isento; b) Acima de 500 (quinhentas) até 1.000 (mil) UPF/MT 2% (dois por cento); c) Acima de 1.000 (mil) até 4.000 (quatro mil) UPF/MT 4% (quatro por cento); d) Acima de 4.000 (quatro mil) até 10.000 (dez mil) UPF/MT 6% (seis por cento); e) Acima de 10.000 (dez mil) UPF/MT 8% (oito por cento).	Lei Estadual n. 7.850/2002 Decreto n. 2.125/2003
Mato Grosso do Sul	6% (seis por cento), na transmissão *causa mortis*; 3% (três por cento), nas hipóteses de doação de quaisquer bens ou direitos.	Lei Estadual n. 1.810/1997
Minas Gerais	A alíquota única é de 5% (cinco por cento) sobre o valor de mercado dos bens ou direitos recebidos em virtude da ocorrência do óbito ou de doação.	Lei Estadual n. 14.941/2003 Decreto n. 43.981/2005

(continua)

(continuação)

Pará	I – na transmissão *causa mortis*: a) 2% (dois por cento) quando a base de cálculo for até 15.000 (quinze mil) UPF-PA; b) 3% (três por cento) quando a base de cálculo for acima de 15.000 (quinze mil) até 50.000 (cinquenta mil) UPF-PA; c) 4% (quatro por cento) quando a base de cálculo for acima de 50.000 (cinquenta mil) até 150.000 (cento e cinquenta mil) UPF-PA; d) 5% (cinco por cento) quando a base de cálculo for acima de 150.000 (cento e cinquenta mil) até 350.000 (trezentos e cinquenta mil) UPF-PA; e) 6% (seis por cento) quando a base de cálculo for acima de 350.000 (trezentos e cinquenta mil) UPFPA; II – na transmissão por meio de doações com ou sem encargos, a qualquer título, de bens ou de direitos: a) 2% (dois por cento) quando a base de cálculo for até 60.000 (sessenta mil) UPF-PA; b) 3% (três por cento) quando a base de cálculo for acima de 60.000 (sessenta mil) até 120.000 (cento e vinte mil) UPF-PA; c) 4% (quatro por cento) quando a base de cálculo for acima de 120.000 (cento e vinte mil) UPF-PA.	Lei Estadual n. 5.529/1989
Paraíba	I – nas transmissões por *causa mortis*: a) com valor até R$ 75.000,00 (setenta e cinco mil reais), 2% (dois por cento); b) com valor acima de R$ 75.000,00 (setenta e cinco mil reais) até R$ 150.000,00 (cento e cinquenta mil reais), 4% (quatro por cento); c) com valor acima de R$ 150.000,00 (cento e cinquenta mil reais) até R$ 290.000,00 (duzentos e noventa mil reais), 6% (seis por cento); d) com valor acima de R$ 290.000,00 (duzentos e noventa mil reais), 8% (oito por cento); II – nas transmissões por doações: a) com valor até R$ 75.000,00 (setenta e cinco mil reais), 2% (dois por cento); b) com valor acima de R$ 75.000,00 (setenta e cinco mil reais) até R$ 590.000,00 (quinhentos e noventa mil reais), 4% (quatro por cento); c) com valor acima de R$ 590.000,00 (quinhentos e noventa mil reais) até R$ 1.180.000,00 (um milhão, cento e oitenta mil reais), 6% (seis por cento);	Lei Estadual n. 10.507/2015 Lei Estadual n. 10.136/2013 Lei Estadual n. 9.455/2011 Lei Estadual n. 5.123/1989

(continua)

(continuação)

	d) com valor acima de R$ 1.180.000,00 (um milhão, cento e oitenta mil reais), 8% (oito por cento).	
Paraná	A alíquota única é de 4% (quatro por cento) para qualquer transmissão.	Lei Estadual n. 5.464/1966 Lei Estadual n. 8.927/1988 Lei Estadual n. 18.573/2015
Pernambuco	Alíquotas a partir de 1º de janeiro de 2016, para valor do quinhão ou doação: I – 2% (dois por cento), até R$ 228.880,28; II – 4% (quatro por cento), acima de R$ 228.880,28 até R$ 343.320,42; III – 6% (seis por cento), acima de R$ 343.320,42 até R$ 457.760,57; IV – 8% (oito por cento), acima de R$ 457.760,57.	Lei Estadual n. 13.974/2009 Decreto n. 35.985/2010
Piauí	Para fatos geradores a partir de 22 de dezembro de 2015, as alíquotas do Imposto sobre Transmissão *Causa Mortis* são de: I – 2% (dois por cento) até 20.000 UFR-PI; II – 4% (quatro por cento) acima de 20.000 até 500.000 UFR-PI; III – 6% (seis por cento) acima de 500.000 UFR-PI. Já nas transmissões por doação a alíquota é de 4% (quatro por cento).	Lei Estadual n. 4.261/1989
Rio de Janeiro	I – 4% (quatro por cento), para valores até 70.000 UFIR-RJ; II – 4,5% (quatro e meio por cento), para valores acima de 70.000 UFIR-RJ até 100.000 UFIR-RJ; III – 5% (cinco por cento), para valores acima de 100.000 UFIR-RJ até 200.000 UFIR-RJ; IV – 6% (seis por cento), para valores acima de 200.000 UFIR-RJ até 300.000 UFIR-RJ; V – 7% (sete por cento), para valores acima de 300.000 UFIR-RJ até 400.000 UFIR-RJ; VI – 8% (oito por cento), para valores acima de 400.000 UFIR-RJ.	Lei Estadual n. 7.174/2015 Lei Estadual n. 7.786/2017 Resolução SEFAZ n. 82/2017
Rio Grande do Norte	Para fatos geradores posteriores a 29 de setembro de 2007, a alíquota é única de 3% (três por cento).	Lei Estadual n. 5.887/1989 Decreto n. 22.063/2010
Rio Grande do Sul	I – 0% (zero por cento), até 2.000 UPF-RS; II – 3% (três por cento), de 2.000 a 10.000 UPF-RS; III – 4% (quatro por cento), de 10.000 a 30.000 UPF-RS; IV – 5% (cinco por cento), de 30.000 a 50.000 UPF-RS; V – 6% (seis por cento), acima de 50.000 UPF-RS.	Lei Estadual n. 8.821/1989

(continua)

(continuação)

Rondônia	I – 2% (dois por cento), quando a base de cálculo for igual ou inferior a 1.250 (mil, duzentas e cinquenta) UPF-RO; II – 3% (três por cento), quando a base de cálculo for superior a 1.250 (mil, duzentas e cinquenta) e inferior a 6.170 (seis mil, cento e setenta) UPF-RO; III – 4% (quatro por cento), quando a base de cálculo for igual ou superior a 6.170 (seis mil, cento e setenta) UPF-RO.	Lei Estadual n. 959/2000 Decreto n. 5.474/2010
Roraima	A alíquota única do imposto é de 4% (quatro por cento), independentemente da natureza do ato.	Lei Estadual n. 59/1993
Santa Catarina	I – 1% (um por cento) sobre a parcela da base de cálculo igual ou inferior a R$ 20.000,00 (vinte mil reais); II – 3% (três por cento) sobre a parcela da base de cálculo que exceder R$ 20.000,00 (vinte mil reais) e for igual ou inferior a R$ 50.000,00 (cinquenta mil reais); III – 5% (cinco por cento) sobre a parcela da base de cálculo que exceder R$ 50.000,00 (cinquenta mil reais) e for igual ou inferior a R$ 150.000,00 (cento e cinquenta mil reais); IV – 7% (sete por cento) sobre a parcela da base de cálculo que exceder R$ 150.000,00 (cento e cinquenta mil reais); V – 8% (oito por cento) sobre a base de cálculo, quando: a) o sucessor for parente colateral; ou herdeiro testamentário ou legatário que não tiver relação de parentesco com o "*de cujus*"; b) o donatário ou o cessionário for parente colateral; ou não tiver relação de parentesco com o doador ou o cedente.	Lei Estadual n. 13.136/2004
São Paulo	A alíquota única é de 4% (quatro por cento) sobre o valor da base de cálculo.	Lei Estadual n. 10.705/2000
Sergipe	Para fatos geradores a partir de 12 de agosto de 2020, as alíquotas do ITCMD são as seguintes: I – nas transmissões *causa mortis*: a) 3% (três por cento), acima de 200 (duzentas) até 2.417 (duas mil quatrocentas e dezessete) UFP-SE; b) 6% (seis por cento), acima de 2.417 (duas mil quatrocentas e dezessete) até 12.086 (doze mil e oitenta e seis) UFP-SE; c) 8% (oito por cento), acima de 12.086 (doze mil e oitenta e seis) UFP-SE; II – nas transmissões por doação: a) 2% (dois por cento), acima de 200 (duzentas) UFP/SE até 6.900 (seis mil e novecentas) UFP-SE;	Lei n. 7.724/2013 Lei n. 8.729/2020

(continua)

(continuação)

	b) 4% (quatro por cento), acima de 6.900 (seis mil e novecentas) UFP-SE até 46.019 (quarenta e seis mil e dezenove) UFP-SE; c) 8% (oito por cento), acima de 46.019 (quarenta e seis mil e dezenove) UFP-SE.	
Tocantins	I – 2%, quando a base de cálculo for superior a R$ 25.000,00 até R$ 100.000,00; II – 4%, quando a base de cálculo for superior a R$ 100.000,00 até R$ 500.000,00; III – 6%, quando a base de cálculo for superior a R$ 500.000,00 até R$ 2.000.000,00; IV – 8%, quando a base de cálculo for superior a R$ 2.000.000,00.	Lei n. 1.287/2001

Fonte: elaborado pelo autor.

É preciso estar atento porque alguns estados fixam os valores de escalonamento por unidades fiscais de referência (UFIR), por exemplo, Ceará, Pará, Rio de Janeiro etc.

Toda legislação do ITCMD pode ser encontrada nos *sites* das Secretarias de Fazenda dos estados brasileiros, conforme consta no Quadro 5.2.

Quadro 5.2 Sites das legislações do Imposto sobre Transmissão *Causa Mortis* e Doação dos estados brasileiros

Estado	Site
Acre	http://sefazonline.ac.gov.br/sefazonline/app.sefazonline
Alagoas	https://www.sefaz.al.gov.br/itcd/itcd-legislacao
Amapá	https://www.sefaz.ap.gov.br
Amazonas	https://online.sefaz.am.gov.br/silt/Normas/Legisla%C3%A7%C3%A3o%20 Estadual/Lei%20Complementar%20Estadual/Ano%201997/Arquivo/ LCE%20019%2097.htm
Bahia	https://www.sefaz.ba.gov.br/
Ceará	https://belt.al.ce.gov.br/index.php/component/k2/item/3589-lei-n-15-812-de-20-07-15-d-o-23-07-15
Distrito Federal	https://www.fazenda.df.gov.br/aplicacoes/legislacao/legislacao/TelaSaida Documento.cfm?txtNumero=34982&txtAno=2013&txtTipo=6&txtParte=
Espírito Santo	http://www2.sefaz.es.gov.br/LegislacaoOnline/lpext.dll?f=templates& fn=main-h.htm&2.0

(continua)

(continuação)

Goiás	https://www.economia.go.gov.br/receita-estadual/itcd.html
Maranhão	https://sistemas1.sefaz.ma.gov.br/portalsefaz/jsp/pagina/pagina.jsf?codigo=35
Mato Grosso	https://www5.sefaz.mt.gov.br/documents/6071037/8241275/FAQ+ITCD/0538c698-8840-a661-30a1-e52ae0c8f319
Mato Grosso do Sul	https://www.sefaz.ms.gov.br/itcd-2/
Minas Gerais	http://www.fazenda.mg.gov.br/empresas/impostos/itcd/informacoes.html
Pará	http://www.sefa.pa.gov.br/legislacao/interna/lei/lp1989_05529.pdf
Paraíba	https://www.sefaz.pb.gov.br/legislacao/66-leis/itcd
Paraná	https://www.fazenda.pr.gov.br/servicos/Cidadao/ITCMD/Consultar-as-perguntas-mais-frequentes-sobre-o-ITCMD-IerQjMoj
Pernambuco	https://www.sefaz.pe.gov.br/Servicos/ICD/Paginas/Perguntas-e-Respostas.aspx
Piauí	https://www.sefaz.pi.gov.br/falecomasefaz/portal/itcmd/
Rio de Janeiro	https://www.fazenda.rj.gov.br/portal-fazenda/#/
Rio Grande do Norte	https://www.set.rn.gov.br/contentProducao/aplicacao/set_v2/impostos/gerados/itcd_faq.asp
Rios Grande do Sul	http://www.legislacao.sefaz.rs.gov.br/Site/Search.aspx?&CodArea=3&CodGroup=66
Rondônia	https://legislacao.sefin.ro.gov.br/textoLegislacao.jsp?texto=766
Roraima	https://www.sefaz.rr.gov.br/
Santa Catarina	https://legislacao.sef.sc.gov.br/Consulta/Views/Publico/Frame.aspx?x=/Cabecalhos/frame_ritcmd_04.htm
São Paulo	https://portal.fazenda.sp.gov.br/servicos/itcmd/Paginas/Sobre.aspx
Sergipe	https://www.sefaz.se.gov.br/SitePages/PortalITCMD.aspx
Tocantins	https://www.to.gov.br/sefaz/legislacao-tributaria/3lb4r1ekdyvb

Para os exemplos deste livro, utilizaremos como base o estado de São Paulo, cuja regulamentação está contida na Lei Estadual n. 10.705/2000.

5.3 A DOAÇÃO DAS COTAS DA *HOLDING*

Como vimos nos capítulos iniciais, a constituição de uma *holding* pode trazer vários benefícios, por exemplo, tributários, organização patrimonial e a sucessão familiar.

No caso da sucessão, uma das grandes vantagens em termos financeiros pode ser o recolhimento do ITCMD, se comparado a um inventário. Isso dependerá efetivamente do valor constante dos bens na declaração de Imposto de Renda do sócio que integralizar esses bens na *holding*.

Isso ocorre porque quando o patriarca ou a matriarca constitui a empresa *holding*, ele(a) aporta os imóveis como capital da empresa utilizando o valor constante na declaração de Imposto de Renda, que, geralmente, está desatualizado em relação ao valor venal (base de cálculo para o inventário).

Os bens constantes na declaração de Imposto de Renda não podem ser corrigidos ao longo dos anos, ficam congelados – salvo por reformas e/ou ampliações.

É possível reavaliar esses bens, mas, para isso, haverá incidência de Imposto de Renda sobre ganhos de capital do valor incrementado. Desse modo, a maioria das pessoas acaba deixando o valor ao custo de aquisição.

5.3.1 VANTAGENS

A vantagem econômica no recolhimento do ITCMD já é, por si só, um fator importante a ser considerado quando da decisão de realizar uma sucessão por meio de uma *holding*. Vejamos um exemplo.

Imagine uma pessoa que tem cinco imóveis, distribuídos no seu Imposto de Renda conforme apresentado no Quadro 5.3.

Quadro 5.3 Relação patrimonial da família

Imóvel	Valor no Imposto de Renda	Valor venal
Apartamento n. 11	150.000,00	800.000,00
Apartamento n. 7	300.000,00	700.000,00
Apartamento n. 6	200.000,00	700.000,00
Casa n. 5	150.000,00	1.200.000,00
Casa n. 4	290.000,00	1.300.000,00
TOTAL	1.090.000,00	4.700.000,00

Se estivéssemos falando de um inventário, no estado de São Paulo, a base de cálculo seria o valor venal dos bens (se imóvel rural é o valor do ITR), ou seja, R$ 4.700.000,00; portanto, o imposto seria de R$ 188.000,00 (4% de 4.700.000,00).

Já na *holding*, os imóveis seriam aportados por R$ 1.090.000,00, e este será o valor do seu capital social (valor patrimonial). Portanto, quando o patriarca ou a matriarca realizar a doação das cotas da *holding*, a base de cálculo será essa. Nesse caso, o valor do imposto seria de R$ 43.600,00 (4% de R$ 1.090.000,00). Mais um detalhe: para fins de recolhimento, veremos, no exemplo prático a seguir, que a base de cálculo será correspondente a 2/3 do valor total, uma vez que 1/3 fica gravado a título de usufruto dos doadores.[1] No exemplo anterior, o valor efetivamente recolhido de imposto seria R$ 29.066,67 (4% de R$ 726.666,67 – 2/3 do valor das cotas).

Importante frisar que o que está sendo doado para os filhos e/ou filhas são as cotas da empresa que é a proprietária dos imóveis que foram aportados pelo patriarca ou pela matriarca para constituí-la, e não os imóveis.

Outra pergunta bastante frequente é: "por que não doar os imóveis diretamente aos filhos?".

A resposta se dá por dois motivos:

Primeiro: se a constituição dos bens do patriarca ou da matriarca for igual a do exemplo anterior, ou seja, valor venal dos bens maior que valor do Imposto de Renda, a vantagem é a economia na redução do valor do imposto.

Segundo: quando da doação dos bens para os filhos em vida, com reserva de usufruto, toda vez que o doador quiser vender algum dos bens não poderá fazê-lo sem a anuência dos filhos e, a depender do regime de casamento destes, de seus cônjuges. Já na *holding* os bens pertencem à empresa, e o patriarca ou a matriarca, além de ficarem com o usufruto vitalício das cotas doadas, ficam com a plena administração da empresa e gestão dos bens, podendo comprar novos bens e vender os já existentes sem o consentimento dos filhos.

Outra vantagem é que, ao doar em vida os bens, ainda há o custo com a confecção da escritura em tabelionatos para levar ao registro de imóveis. Já na *holding* o próprio Contrato Social de constituição servirá como instrumento particular para registro.

5.3.2 O PROCESSO

A doação de cotas é feita seguindo os seguintes passos:
1) Elaboração da declaração do ITCMD (*vide* exemplo de preenchimento na Seção 5.3.4).

---

[1] Legislação do estado de São Paulo.

2) Recolhimento das guias de ITCMD.
3) Alteração do Contrato Social de constituição, no qual foram aportados os bens para a empresa. Nessa alteração, deverão ser introduzidas cláusulas de sucessão (sendo as padrões: incomunicabilidade, impenhorabilidade, inalienabilidade etc.) e outras que sejam de vontade dos fundadores (desde que não firam direitos previstos no Código Civil e em outras legislações); deverão ser comunicados a doação das cotas para os herdeiros e o estabelecimento do usufruto vitalício em favor do(s) doador(es); deverá haver outorga uxória[2] de um dos cônjuges doadores, caso o regime de casamento seja comunhão universal de bens; e, por fim, deverão ser informados dados da Declaração de ITCMD e das guias de recolhimento.
4) Registro da alteração contratual na Junta Comercial.

5.3.3 REGRAS ITCMD – ESTADO DE SÃO PAULO

Na legislação paulista, algumas regras precisam ser seguidas quando da doação das cotas da *holding*. Vejamos.

Sobre a base de cálculo, o artigo 14 da Lei n. 10.705, de 28 de dezembro de 2000, define:

> Artigo 14 – No caso de bem móvel ou direito não abrangido pelo disposto nos artigos 9º, 10 e 13, a base de cálculo é o valor corrente de mercado do bem, título, crédito ou direito, na data da transmissão ou do ato translativo.
> [...]
> § 3º – Nos casos em que a ação, cota, participação ou qualquer título representativo do capital social não for objeto de negociação ou não tiver sido negociado nos últimos 180 (cento e oitenta) dias, admitir-se-á o respectivo valor patrimonial.

Portanto, se a *holding* for aberta sob a forma de sociedade anônima que negocie suas ações em mercado, o valor da base será o valor de cotação no momento da doação. Caso seja aberta com outro tipo societário, que não negocie ações em mercado, o valor da base de cálculo será o valor patrimonial.

Como a *holding* é aberta, constituída de bens e, ato contínuo, doada para os herdeiros, o valor patrimonial corresponderá ao valor do capital social inicial.

Outra regra importante está contida no item 4 do artigo 9º da Lei n. 10.705:

---

[2] Consentimento dado por um dos cônjuges ao outro, para autorizar a execução de determinado negócio. Prevista no artigo 1.647 do Código Civil e no artigo 73 do Código de Processo Civil.

> Artigo 9º – A base de cálculo do imposto é o valor venal do bem ou direito transmitido, expresso em moeda nacional ou em UFESPs (Unidades Fiscais do estado de São Paulo).
> [...]
> § 2º – Nos casos a seguir, a base de cálculo é equivalente a:
> [...]
> 2. 2/3 (dois terços) do valor do bem, na transmissão não onerosa do domínio direto;
> [...]
> 4. 2/3 (dois terços) do valor do bem, na transmissão não onerosa da nua-propriedade.
> [...]

Fica, portanto, ali determinado que o recolhimento deverá ser feito sobre 2/3 do valor do bem, na transmissão não onerosa da nua propriedade, que é o caso das cotas da *holding*.

O artigo 18 da mesma lei determina que o recolhimento do imposto deve ser feito antes da celebração do ato ou contrato:

> Artigo 18 – Na doação, o imposto será recolhido antes da celebração do ato ou contrato correspondente.
> [...]
> § 3º – No contrato de doação por instrumento particular, os contratantes também ficam obrigados a efetuar o recolhimento antes da celebração e mencionar, em seu contexto, a data, valor e demais dados da guia respectiva.
> [...]

Deve-se elaborar a declaração do ITCMD, na data da doação, recolher o imposto e, depois, transcrever informações da guia de recolhimento na alteração do Contrato Social.

Outra informação importante é que de acordo com a Decisão Normativa CAT n. 4/2016, caso a doação seja feita por casal, não é necessário elaborar uma declaração para cada, basta fazer uma em nome de um dos dois.

No estado de São Paulo, a alíquota de ITCMD é de 4%. Há um limite de isenção para doações até o valor de 2.500 UFESPs.

5.3.4 EXEMPLO PRÁTICO

O seguinte cenário é apresentado, conforme Figura 5.1.

Um casal, casado em regime de comunhão universal de bens, tem dois filhos e resolve constituir uma *holding* para sucessão familiar.

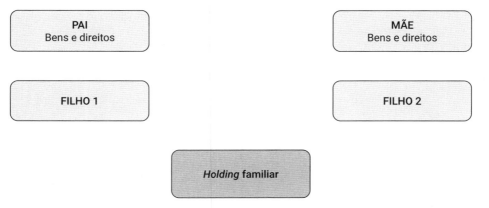

Figura 5.1 Estrutura familiar.

Diante disso, a busca do casal é eliminar o inventário. Em um primeiro momento (constituição da *holding*),³ o cenário fica estabelecido conforme Figura 5.2.

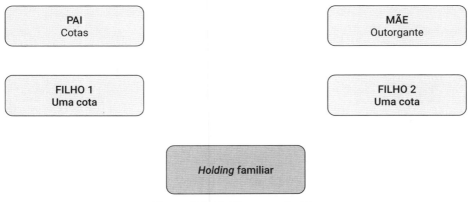

Figura 5.2 *Holding* constituída.

O pai fica como sócio junto aos filhos, que ficam com apenas uma cota cada. A mãe aparece como anuente outorgante. Nada impede que seja o contrário: a mãe como sócia e o pai como outorgante. Isso ocorre em razão do regime de casamento – comunhão universal de bens –, que impede os dois (pai e mãe) de serem sócios, conforme o Código Civil brasileiro.

Constituída a *holding*, o casal resolve efetivar a doação das cotas para seus filhos.

O **primeiro passo** é a elaboração da Declaração de ITCMD. Vamos usar como exemplo e base a Secretaria da Fazenda do estado de São Paulo.

---

[3] *Vide* Capítulo 2, *Contrato Social Inicial*, para mais detalhes da constituição.

Vamos imaginar que essa empresa *holding* foi constituída com um capital de R$ 1.498.002,00, sendo R$ 1.498.000,00 em bens dos pais e R$ 2,00 em dinheiro, R$ 1,00 para cada um (equivalente a uma cota).

Para elaborar a declaração no estado de São Paulo, é necessário acessar o *site* https://www10.fazenda.sp.gov.br/ITCMD_DEC/Default.aspx, por meio do QR Code ao lado, que exibirá a tela apresentada na Figura 5.3.

uqr.to/1o860

Figura 5.3 Tela inicial da declaração do Imposto sobre Transmissão *Causa Mortis* e Doação.

A declaração a ser feita será a de Doação Extrajudicial, conforme sinalizado na Figura 5.4.

O sistema solicitará a criação de uma senha. Para isso, é necessário informar a data da doação e um *e-mail* de contato. Nessa etapa é importante anotar as informações, pois é por meio do *e-mail* solicitado que o Estado fará todo tipo de contato, caso seja necessário.

Ao preencher as informações, o sistema gerará um número de protocolo. Deve-se anotar esse número porque ele e a senha poderão ser usados para retificações ou acesso posterior à declaração.

Capítulo 5 • Imposto de Transmissão *Causa Mortis* e Doação | 71

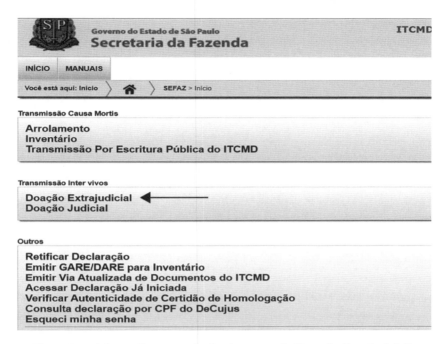

Figura 5.4 Orientação para seleção da categoria "Doação Extrajudicial".

Em seguida, será necessário preencher os dados do doador e dos recebedores, conforme as telas apresentadas nas Figuras 5.5 e 5.6.

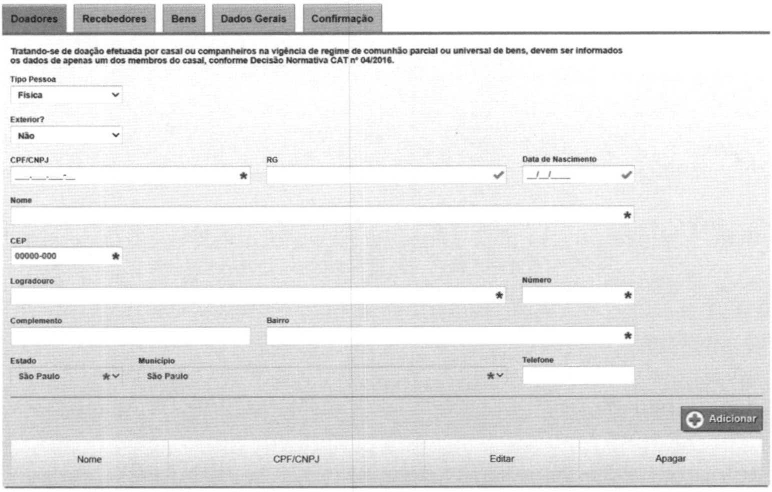

Figura 5.5 Cadastro de doador(es).

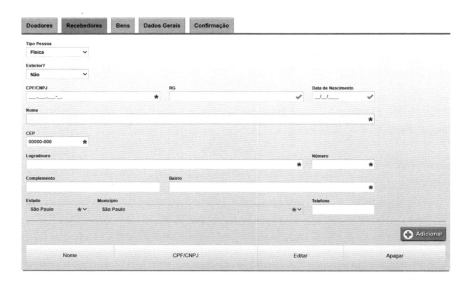

Figura 5.6 Cadastro de recebedor(es).

Após esse procedimento, deverá ser preenchido o bem que está sendo doado – no caso, as cotas da empresa –, conforme apresentado na Figura 5.7.

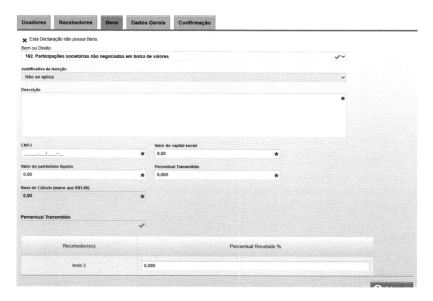

Figura 5.7 Cadastro do bem (cotas da *holding*).

O código a ser preenchido será "162. Participações societárias não negociadas em bolsa de valores", salvo ser for sociedade anônima com ações negociadas em bolsa – nesse caso, deve-se localizar o código próprio.

Logo após, deve-se informar o CNPJ e o valor do capital – no nosso exemplo, R$ 1.498.000,00 (valor correspondente às cotas do pai).

Importante destacar que, para que o valor a recolher seja sobre 2/3, conforme determina a legislação paulista, é preciso informar, no campo "Percentual Transmitido", 66,67%. Desse modo, o sistema destacará 66,67% do capital para ser tributado. Na mesma tela, é necessário informar o percentual de doação para cada herdeiro – no nosso exemplo, informaríamos 50% para cada um.

Figura 5.8 Preenchimento dos dados das cotas da *holding* que serão doadas.

Verifica-se que a base de cálculo corresponde a 2/3 do valor das cotas doadas.

Após esse cadastro, o sistema solicita que os dados sejam confirmados; confirmados os dados, a declaração é transmitida e a guia de recolhimento é gerada.

Em São Paulo é necessário que o recolhimento seja feito no mesmo dia da data de doação informada na declaração.

O **segundo passo** é elaborar a minuta de alteração contratual, informando a doação das cotas, estabelecendo o usufruto vitalício para os pais e inserindo cláusulas de sucessão. Vejamos um exemplo baseado nos dados com os quais estávamos trabalhando.

Depois do preâmbulo do contrato, é necessário informar as alterações.

Informando a doação

1) O sócio PAI resolve, neste ato, doar suas cotas de capital a seus filhos, permanecendo com o usufruto vitalício, da seguinte maneira:

Sócios	Cotas	Valor
FILHO 1	749.000	749.000,00
FILHO 2	749.000	749.000,00
TOTAL	1.498.000	1.498.000,00

Como os filhos já tinham uma cota cada, é necessário consolidar a participação.
2) Com as alterações realizadas (item 1), a composição societária fica da seguinte maneira:

Sócios	Cotas	Valor
FILHO 1	749.001	749.001,00
FILHO 2	749.001	749.001,00
TOTAL	1.498.002	1.498.002,00

Concessão da outorga uxória da MÃE

3) A Sra. MÃE, anuente já qualificada, casada sob o regime de comunhão universal de bens com o PAI, assina o presente instrumento, dando sua outorga uxória para a doação das cotas aos sócios donatários, prevista no artigo 1.647, I e IV, do Código Civil.

Estabelecimento do usufruto vitalício para PAI e MÃE

4) PAI e sua esposa, MÃE, permanecem com o usufruto vitalício das cotas.

Instituição de cláusulas de sucessão familiar

5) As cotas da sociedade ficam gravadas com incomunicabilidade, inalienabilidade, impenhorabilidade na forma da lei civil, não podendo ser liquidadas mediante requerimento de credores dos sócios.

Instituição de cláusulas de incomunicabilidade com os cônjuges dos filhos

6) As cotas de capital não se comunicam com os cônjuges dos sócios donatários por estarem excluídas da comunhão, de acordo com o inciso I do artigo 1.659 da Lei n. 10.406/2002 (Código Civil brasileiro), por tratar-se de doação e sucessão.

Informações sobre a Declaração de ITCMD e as guias de recolhimento

7) Declaram os doadores e os donatários, conforme determina o parágrafo 3º do artigo 18 da Lei n. 10.705/2000, que o Imposto de Transmissão *Causa Mortis* e Doação (ITCMD) foi recolhido sobre 2/3 do valor patrimonial das cotas, conforme determinam o item 2 do parágrafo 2º do artigo 9º e o parágrafo 3º do artigo 14 da Lei n. 10.705/2000, em xx/xx/xxxx [data da declaração], conforme declaração de Doação n. xxxxxxxx [número do protocolo da declaração], pago por meio de Guias de Arrecadação Estadual:

a) Número do DARE: 2xxxxxxx [número da guia de recolhimento], Código de autenticação bancária: xxxxxxxxxxx, autenticação digital: 228B8BDCF59D800CBBA-C0B5BFB9F497F311D5C7F, Banco xxxxx S/A, vencimento xx/xx/xxxx, código de receita: 015-2, valor R$ xxxxxxx,xx (xxxxxxxxxxxxxx), data do pagamento: xx/xx/xxxx. Contribuinte: FILHO 1, já qualificado; Doador: PAI, já qualificado.

b) Número do DARE: 2xxxxxxx [número da guia de recolhimento], Código de autenticação bancária: xxxxxxxxxxx, autenticação digital: 228B8BDCF59D800CBBA-C0B5BFB9F497F311D5C7F, Banco xxxxx S/A, vencimento xx/xx/xxxx, código de receita: 015-2, valor R$ xxxxxxx,xx (xxxxxxxxxxxxxx), data do pagamento: xx/xx/xxxx. Contribuinte: FILHO 2, já qualificado; Doador: PAI, já qualificado.

Declaração da reserva de usufruto e como foi feita a declaração do ITCMD

> c) Declaram ainda que fica reservado 1/3 a título de usufruto para recolhimento futuro.
> d) A declaração de doação foi feita em nome de um dos cônjuges, PAI, conforme determina a Decisão Normativa CAT 4/2016.

Resolvem as partes, em decorrência dos itens anteriores, promover a consolidação do Contrato Social, que a partir dessa data passa a vigorar com a seguinte redação.

Após esse procedimento, realiza-se a consolidação do Contrato Social – no Capítulo 6, *Doação das Cotas da Holding*, apresentaremos a minuta completa.

Ao final de todo esse processo, o cenário da *holding* ficará estabelecido conforme apresentado na Figura 5.9.

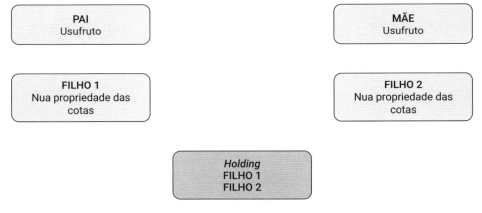

Figura 5.9 *Holding* finalizada.

Notamos, ao final dessa etapa, que o processo fica concluído com o(s) doador(es) tornando-se usufrutuário(s) e administrador(es) vitalício(s) da *holding*, e os filhos, proprietários efetivos.

Importante salientar que os pais não perdem nenhum controle e poder sobre os bens, exercendo plenamente sua vontade.

No Capítulo 6 apresentaremos um modelo de minuta final da *holding*, no qual comentaremos cada cláusula e suas funções para as garantias dos doadores.

REFERÊNCIAS

BRASIL. *Constituição da República Federativa do Brasil de 1988*. Disponível em: https://www.planalto.gov.br/ccivil_03/Constituicao/Constituicao.htm. Acesso em: 16 fev. 2024.

BRASIL. *Lei n. 5.172, de 25 de outubro de 1966*. Dispõe sobre o Sistema Tributário Nacional e institui normas gerais de direito tributário aplicáveis à União, Estados e Municípios. Disponível em: https://www.planalto.gov.br/ccivil_03/LEIS/L5172Compilado.htm. Acesso em: 16 fev. 2024.

BRASIL. *Lei n. 10.406, de 10 de janeiro de 2002*. Institui o Código Civil. Disponível em: https://www.planalto.gov.br/ccivil_03/LEIS/2002/L10406compilada.htm. Acesso em: 16 fev. 2024.

SÃO PAULO. *Lei n. 10.705, de 28 de dezembro de 2000*. Dispõe sobre a instituição do Imposto sobre Transmissão "*Causa Mortis*" e Doação de Quaisquer Bens ou Direitos – ITCMD. Disponível em: https://legislacao.fazenda.sp.gov.br/Paginas/lei10705.aspx. Acesso em: 16 fev. 2024.

SÃO PAULO. Secretaria da Fazenda. *ITCMD – Imposto de Transmissão Causa Mortis e Doação*. Disponível em: https://www10.fazenda.sp.gov.br/ITCMD_DEC/Default.aspx. Acesso em: 16 fev. 2024.

SENADO FEDERAL. *Resolução n. 9, de 1992*. Estabelece alíquota máxima para o Imposto sobre Transmissão *Causa Mortis* e Doação, de que trata a *alínea* "a", inciso l, e § 1º, inciso IV do art. 155 da Constituição Federal. Disponível em: https://www2.camara.leg.br/legin/fed/ressen/1992/resolucao-9-5-maio-1992-451294-publicacaooriginal-1-pl.html#:~:text=RESOLU%C3%87%-C3%83O%20N%C2%BA%209%2C%20DE%201992.%20Estabelece%20al%C3%ADcota%20m%C3%A1xima,trata%20a%20al%C3%ADnea%20a%2C%20inciso%20I%2C%20do%20art. Acesso em: 16 fev. 2024.

Capítulo 6

DOAÇÃO DAS COTAS DA *HOLDING*

6.1 INTRODUÇÃO

Esse é o momento mais importante, porque é resultado de todo o planejamento que fazemos para sucessão familiar.

Embora a doação das cotas embora possa ser feita imediatamente após o registro do Contrato Social inicial, recomenda-se que seja a última etapa do planejamento. Se pensarmos em um fluxo processual, teremos:

a. estudo e planejamento da *holding*;
b. constituição da *holding*, com aporte dos imóveis;
c. pedido de imunidade do Imposto sobre Transmissão de Bens Imóveis (ITBI) nos municípios (opcional);[1]

---

[1] *Vide* Capítulo 8, *Aspectos Contábeis e Tributação da* Holding, para saber as vantagens e as desvantagens de solicitar a imunidade do ITBI.

d. registro dos imóveis;
e. doação das cotas com estabelecimento de cláusulas de sucessão.

A diferença entre a doação e o testamento é que a doação é uma partilha em vida, e se faz por escritura pública ou instrumento particular, enquanto o testamento é um ato a ser executado após a morte do autor da herança.

De acordo com Leone (2005, p. 27):

> Nos tempos históricos, o Direito Sucessório era a parte do Direito Romano que regulamentava as relações jurídicas de uma pessoa depois de sua morte. Tinha por objetivo dar a conhecer quem iria suceder o de cujus e de que maneira isso aconteceria.

O planejamento sucessório depende da postura do chefe da família e o seu objetivo é a perpetuação do patrimônio da família.

No caso da *holding*, o próprio Contrato Social serve como instrumento particular de promoção da sucessão. É, portanto, fundamental que ele seja bem estudado e elaborado para que tente prever ao máximo situações futuras de conduta familiar e como conduzi-las.

Em relação ao ato da doação, com preenchimento de Declaração Estadual e o recolhimento do Imposto sobre Transmissão *Causa Mortis* e Doação (ITCMD), consulte o Capítulo 5 para detalhamento.

Apresentaremos a seguir uma sugestão de cláusulas mais usuais utilizadas na alteração do Contrato Social para fins de sucessão.

6.2 PRINCIPAIS CLÁUSULAS DE SUCESSÃO

As principais cláusulas de sucessão que sugerimos são:

a. doação/usufruto;
b. outorga uxória;
c. incomunicabilidade;
d. inalienabilidade;
e. impenhorabilidade;
f. *affectio societatis*.

Doação e usufruto: deverá ser informada a doação das cotas em favor dos herdeiros, e estabelece-se imediatamente o usufruto vitalício dos fundadores da *holding*. Dessa maneira, os herdeiros são proprietários das cotas, mas não têm o usufruto, e só o terão quando os fundadores não mais existirem.

Exemplo de doação:

- O sócio **Pai** resolve, neste ato, doar suas cotas de capital a seus filhos, permanecendo com o usufruto vitalício, conforme Quadro 6.1.

Quadro 6.1

Sócios	Cotas	Valor
FILHO 1	987.500	987.500,00
FILHO 2	987.500	987.500,00
TOTAL	**1.975.000**	**1.975.000,00**

Exemplo de detalhamento do usufruto:

Artigo 10 – **Pai e sua esposa, Mãe**, permanecem com o usufruto vitalício das cotas.

Parágrafo 1º – No caso de falecimento do doador e usufrutuário **Pai**, fica estipulado, desde já, que o presente benefício do usufruto passa imediatamente para sua esposa, **Mãe**, acima qualificada, continuando ainda gravadas as cotas com incomunicabilidade, inalienabilidade e impenhorabilidade na forma da lei civil, conforme alteração contratual e a redistribuição de cotas.

Parágrafo 2º – No caso de falecimento da doadora e usufrutuária **Mãe**, fica estipulado, desde já, que o presente benefício do usufruto passa imediatamente para seu esposo, **Pai**, acima qualificado, continuando ainda gravadas as cotas com incomunicabilidade, inalienabilidade e impenhorabilidade na forma da lei civil, conforme alteração contratual e redistribuição de cotas.

Outorga uxória: cláusula em que um dos cônjuges dá a sua autorização para a doação realizada. Esse dispositivo está previsto no artigo 1.647, incisos I e IV, do Código Civil brasileiro.

Exemplo:

- A Sra. **Mãe**, anuente já qualificada, casada sob o regime de comunhão parcial de bens com **Pai, assina o presente instrumento, dando sua outorga uxória**, para a doação das cotas aos sócios donatários, prevista no artigo 1.647, I e IV, do Código Civil.

Incomunicabilidade: uma das cláusulas mais importantes da sucessão, que garantirá que os bens dos fundadores (no caso, a empresa e o que nela constar) não se comunicam com os cônjuges dos herdeiros.[2]

---

[2] Salvo se os herdeiros forem casados em comunhão universal de bens.

Exemplo:

- As cotas de capital não se comunicam com os cônjuges dos sócios donatários por estarem excluídas da comunhão, de acordo com o inciso I do artigo 1.659 da Lei n. 10.406/2002 – Código Civil brasileiro, por tratar-se de doação e sucessão

Inalienabilidade e Impenhorabilidade: essa cláusula grava as cotas da empresa com inalienabilidade e impenhorabilidade, o que significa que os herdeiros não poderão dar as cotas em garantia para credores e não poderão vendê-las.

Exemplo:

- As cotas da sociedade ficam gravadas com incomunicabilidade, inalienabilidade, impenhorabilidade na forma da lei civil, não podendo ser liquidadas mediante requerimento de credores dos sócios.

Affectio societatis: instituto que determina que se trata de uma "sociedade de afeto" e diz respeito à conduta de um sócio para com sua sociedade, valendo-se de fidelidade, colaboração, confiança e igualdade traduzidos nas obrigações de seus membros. Nessa cláusula é também expressa a condição para ingresso de outras pessoas na sociedade, por exemplo, sucessores dos herdeiros (cônjuges, filhos etc.). É uma cláusula muito importante e deve ser objeto de muita atenção dos fundadores.

Exemplo:

- Artigo 31 – Falecendo qualquer sócio, a sociedade continuará suas atividades normalmente com os sócios remanescentes. A sociedade é fundada sobre o princípio do **AFFECTIO SOCIETATIS**, que deve estar presente obrigatoriamente em relação a todos os sócios, uma vez que é fundamental à sobrevivência da sociedade e de seu desiderato. Por essa razão não será admitido, em nenhuma hipótese, o ingresso de eventuais sucessores, seja a que título for, sem o expresso consentimento de todos os sócios remanescentes, a quem caberá, exclusivamente, a decisão de admitir na sociedade pessoas estranhas ao quadro societário.

  Artigo 32 – Na presença de eventuais sucessores, que não obtiveram consentimento de admissão na sociedade, será levantado um Balanço Patrimonial na data desse evento, e com base nessas demonstrações que se basearão exclusivamente nos valores contábeis, será apurado o quinhão respectivo, reavaliado a valor de mercado vigente à época, que será reembolsado em 120 (cento e vinte) prestações mensais, iguais e sucessivas, sem acréscimos de quaisquer valores, mesmo a título de juros, justificando-se esse prazo para não colocar em risco a sobrevivência da sociedade.

Artigo 33 – A sociedade não se dissolverá pela morte, incapacidade, retirada de sócio quotista, nem por sua exclusão. Também não haverá dissolução da sociedade mesmo que remanesça um único sócio, continuando, nesta hipótese, com o sócio remanescente pelo prazo máximo de 180 (cento e oitenta) dias, como faculta o inciso IV do artigo 1.033 da Lei n. 10.406/2002.

Note que, na cláusula 32 do exemplo, define-se até quantas parcelas (e se estas serão corrigidas ou não) terá o quinhão a ser recebido por possíveis sucessores dos herdeiros não admitidos pela sociedade.

Esses são alguns exemplos de cláusulas que costumeiramente são inseridas na alteração contratual de uma *holding* para o processo de sucessão. Contudo, são apenas sugestões. Além disso, é possível a inserção de várias outras regras de conduta familiar que os fundadores desejem (lembrando que não poderá haver cláusulas que firam o Código Civil e outras legislações, sob pena de tornarem-se nulas).

Existem famílias que elaboram um documento em anexo ao Contrato Social com um detalhamento muito maior de regras de conduta e condições, incluindo governança corporativa.

Vamos agora utilizar o mesmo exemplo do Capítulo 2, no qual apresentamos uma minuta de Contrato Social inicial comentada. Faremos isso alterando-o para proceder a sucessão familiar.

Relembrando o exemplo prático, tínhamos uma família que constituiu uma *holding* para proteção patrimonial e para sucessão, e que é composta de pai e mãe, casados em regime de comunhão universal de bens, dois filhos e cinco imóveis.

Os imóveis são os apresentados no Quadro 6.2.

Quadro 6.2 Relação patrimonial familiar

Imóvel	Valor no Imposto de Renda	Valor venal
Unidade Autônoma n. 10	129.349,00	500.000,00
Unidade Autônoma n. 8	54.997,41	500.000,00
4,13% de um terreno	250.000,00	1.000.000,00
50% de um terreno	1.300.000,00	2.600.000,00
Um prédio industrial	240.217,59	3.200.000,00
TOTAL	1.974.564,00	7.800.000,00

Os imóveis foram aportados pelo valor do Imposto de Renda.

Vamos agora passar pela minuta contratual de alteração, item a item.

PREÂMBULO

No preâmbulo estarão os dados de qualificação dos sócios, o nome da empresa e os dados de abertura como inscrição no CNPJ e na Junta Comercial.

INSTRUMENTO DE ALTERAÇÃO DE CONTRATO SOCIAL DA SOCIEDADE EMPRESÁRIA LIMITADA
XYZ PARTICIPAÇÕES E ADMINISTRAÇÃO DE BENS PRÓPRIOS LTDA.

PRIMEIRA ALTERAÇÃO CONTRATUAL
CNPJ: XXXXX/0001-XX NIRE: XXXXXXXXX

Pelo presente instrumento particular, as partes adiante qualificadas:

PAI, brasileiro, profissão, casado no regime de comunhão universal de bens, nascido em xx de fevereiro de mil novecentos e xxxxxxxxxx, na cidade de xxxxxxxx, estado de São Paulo, portador da cédula de identidade RG n. xxxxxxxx, expedida pela SSP-SP e CPF n. xxxxxxxxxxx, residente e domiciliado na Rua xxxxxxxxxx, xxx – Centro – xxxxxx – SP, CEP: xxxxxxxxxx.

FILHO 1, brasileiro, profissão, casado no regime de comunhão parcial de bens, nascido em xx de xxxxxx de mil novecentos e xxxxxxxxxx, na cidade de xxxxxxxx, estado de São Paulo, portador da cédula de identidade RG n. xxxxxxxx, expedida pela SSP-SP e CPF n. xxxxxxxxxxx, residente e domiciliado na Rua xxxxxxxxxx, xxx – Centro – xxxxxx – SP, CEP: xxxxxxxxxx.

FILHO 2, brasileiro, profissão, solteiro, nascido em xx de xxxxxx de mil novecentos e xxxxxxxxxx, na cidade de xxxxxxxx, estado de São Paulo, portador da cédula de identidade RG n. xxxxxxxx, expedida pela SSP-SP e CPF n. xxxxxxxxxxx, residente e domiciliado na Rua xxxxxxxxxx, xxx – Centro – xxxxxx – SP, CEP: xxxxxxxxxx.

Cônjuge anuente:
MÃE, brasileira, empresária, casada no regime de comunhão universal de bens, nascida em xx de xxxxxx de mil novecentos e xxxxxxxxx, na cidade de xxxxxx, estado de São Paulo, portadora da cédula de identidade RG n. xxxxxxxxxxx, expedida pela SSP-SP e CPF n. xxxxxxxxxxxxxxx, residente e domiciliada na Rua xxxxxxxxx, xxx – Centro – XXXX – SP, CEP: xxxxxxx.

Têm entre si, justo e contratado, a alteração do Contrato Social da sociedade XYZ PARTICIPAÇÕES E ADMINISTRAÇÃO DE BENS PRÓPRIOS LTDA., inscrita no CNPJ sob n. XXXXX/0001-XX, com sede na cidade de XXXX, estado de XXXXXXXXX, na Rua XXXXXXXXXX, XXX – Centro – XXXXX – SP, CEP: XXXXX, cujo Contrato Social foi registrado na Junta Comercial do Estado de XXXXX sob n. XXXXXXX, em XX/XX/XXXX, resolvem de comum acordo proceder às seguintes alterações:

Comentário: importante informar nesta minuta de alteração os dados do registro inicial na Junta Comercial. A seguir, as alterações a serem inseridas.

1) O sócio **PAI** resolve, neste ato, doar suas cotas de capital a seus filhos, permanecendo com o usufruto vitalício, conforme apresentado a seguir:

Sócios	Cotas	Valor (R$)
Filho 1	987.499	987.499,00
Filho 2	987.499	987.499,00
Total	1.974.998	1.974.998,00

2) Com as alterações realizadas no item 1, a composição societária fica da seguinte maneira:

Sócios	Cotas	Valor (R$)
Filho 1	987.500	987.500,00
Filho 2	987.500	987.500,00
Total	1.975.000	1.975.000,00

Comentário: nesta cláusula é feita a doação das cotas das empresas para os herdeiros.

3) A Sra. **MÃE**, anuente já qualificada, casada sob o regime de comunhão universal de bens com **PAI, assina o presente instrumento, dando sua outorga uxória**, para a doação das cotas aos sócios donatários, prevista no artigo 1.647, I e IV, do Código Civil.

Comentário: cláusula na qual um dos cônjuges fundadores dá ao outro o consentimento para a doação.

4) **PAI e sua esposa, MÃE**, permanecem com o usufruto vitalício das cotas.

Comentário: estabelecimento do usufruto vitalício para o casal; detalharemos mais à frente.

5) As cotas da sociedade ficam gravadas com incomunicabilidade, inalienabilidade, impenhorabilidade na forma da lei civil, não podendo ser liquidadas mediante requerimento de credores dos sócios.

6) As cotas de capital não se comunicam com os cônjuges dos sócios donatários por estarem excluídas da comunhão, de acordo com o inciso I do artigo 1.659 da Lei n. 10.406/2002 (Código Civil brasileiro), por tratar-se de doação e sucessão.

Comentário: cláusulas de inalienabilidade, incomunicabilidade e impenhorabilidade.

a) Declaram os doadores e os donatários, conforme determina o parágrafo 3º do artigo 18 da Lei n. 10.705/2000, que o Imposto de Transmissão *Causa Mortis* e Doação (ITCMD) foi recolhido sobre 2/3 do valor patrimonial das cotas, conforme determinam o item 2 do parágrafo 2º do artigo 9º e o parágrafo 3º do artigo 14 da Lei n. 10.705/2000, em XX/XX/2024, conforme declaração de Doação n. 69521XXX, pago por meio de Guias de Arrecadação Estadual:
b) Número do DARE: 2105900220XXXXX, Código de autenticação bancária: BD-71C707A3E9002B6B34A702A86A6, Banco XXXX S/A, vencimento XX/XX/XXXX, código de receita: 015-2, valor R$ 26.333,31 (Vinte e seis mil, trezentos e trinta e três reais e trinta e um centavos), data do pagamento: XX/XX/2024, Contribuinte: FILHO 1, já qualificado; Doador: PAI, já qualificado.
c) Número do DARE: 2105900220XXXXX, Código de autenticação bancária: BD-71C707A3E9002B6B34A702A86A6, Banco XXXX S/A, vencimento XX/XX/XXXX, código de receita: 015-2, valor R$ 26.333,31 (Vinte e seis mil, trezentos e trinta e três reais e trinta e um centavos), data do pagamento: XX/XX/2024, Contribuinte: FILHO 2, já qualificado; Doador: PAI, já qualificado.
d) Declaram ainda que fica reservado 1/3 a título de usufruto para recolhimento futuro.
e) A declaração de doação foi feita em nome de um dos cônjuges, **PAI**, conforme determina a Decisão Normativa CAT n. 4/2016.[3]

---

[3] Aplicável ao estado de São Paulo.

Comentário: essa informação é obrigatória para o estado de São Paulo, onde a legislação do ITCMD exige que sejam transcritas as informações da doação e as guias de recolhimento.

> Resolvem as partes, em decorrência dos itens anteriores, promover a consolidação do Contrato Social, que, a partir dessa data, passa a vigorar com a seguinte redação:

A partir daqui começaremos a consolidação do Contrato Social.

CONTRATO SOCIAL DA SOCIEDADE EMPRESÁRIA LIMITADA

XYZ PARTICIPAÇÕES E ADMINISTRAÇÃO DE BENS PRÓPRIOS LTDA.

CNPJ: XXXXXX/0001-XX NIRE: XXXXXXXXXX

Pelo presente instrumento particular, as partes adiante qualificadas:

Doadores Usufrutuários:

PAI, brasileiro, profissão, casado no regime de comunhão universal de bens, nascido em xx de fevereiro de mil novecentos e xxxxxxxxxx, na cidade de xxxxxxxx, estado de São Paulo, portador da cédula de identidade RG n. xxxxxxxx, expedida pela SSP-SP e CPF n. xxxxxxxxxxx, residente e domiciliado na Rua xxxxxxxxxx, xxx – Centro – xxxxxx – SP, CEP: xxxxxxxxxx.

MÃE, brasileira, empresária, casada no regime de comunhão universal de bens, nascida em xx de xxxxxx de mil novecentos e xxxxxxxxxx, na cidade de xxxxxx, estado de São Paulo, portadora da cédula de identidade RG n. xxxxxxxxxxx, expedida pela SSP-SP e CPF n. xxxxxxxxxxxxxxx, residente e domiciliada na Rua xxxxxxxxx, xxx – Centro – XXXX – SP, CEP: xxxxxxx.

Sócios Donatários:

FILHO 1, brasileiro, profissão, casado no regime de comunhão parcial de bens, nascido em xx de xxxxxx de mil novecentos e xxxxxxxxxx, na cidade de xxxxxxxx, estado de São Paulo, portador da cédula de identidade RG n. xxxxxxxx, expedida pela SSP-SP e CPF n. xxxxxxxxxxx, residente e domiciliado na Rua xxxxxxxxxx, xxx – Centro – xxxxxx – SP, CEP: xxxxxxxxxx.

FILHO 2, brasileiro, profissão, solteiro, nascido em xx de xxxxxx de mil novecentos e xxxxxxxxxx, na cidade de xxxxxxxx, estado de São Paulo, portador da cédula de identidade RG n. xxxxxxxx, expedida pela SSP-SP e CPF n. xxxxxxxxxxx, residente e domiciliado na Rua xxxxxxxxxx, xxx – Centro – xxxxxx – SP, CEP: xxxxxxxxxx.

Têm entre si, justo e contratado, a constituição de uma sociedade empresária, sob o tipo jurídico de sociedade limitada, nos termos da lei vigente, que se regerá pelas cláusulas e condições seguintes, e, nas omissões, pela legislação específica que disciplina essa forma societária e rege de acordo com a Lei n. 10.406/2002 (Código Civil).

Comentário: esse é o novo preâmbulo do contrato. Note que, agora, os doadores agora passam a ser designados como "usufrutuários", e os filhos, como "sócios".

A partir daqui inseriremos os comentários apenas nas cláusulas diferentes da constituição inicial, presente no Capítulo 2, *Contrato Social Inicial*.

CAPÍTULO I
DA DENOMINAÇÃO, OBJETO E SEDE

Artigo 1º – A sociedade girará sob a denominação de **XYZ PARTICIPAÇÕES E ADMINISTRAÇÃO DE BENS PRÓPRIOS LTDA.**

Artigo 2º – O objeto da sociedade será:

a) gestão de participações societárias em outras empresas, *holding* **não instituição financeira**;
b) a administração de bens imóveis próprios, aluguéis de bens imóveis próprios residenciais e não residenciais, loteamento de imóveis próprios;
c) compra e venda de bens imóveis próprios.

Parágrafo Único

A sociedade poderá explorar outros ramos que tenham afinidade com o objeto expresso na cláusula segunda.

Artigo 3º – A sociedade tem sua sede na cidade de XXXX, estado de São Paulo, na Rua XXXXXXXXXX, XXX – Centro – XXXXX – SP, CEP: XXXXXX, podendo os sócios abrir, manter e fechar filiais ou sucursais em qualquer ponto do território nacional, e ainda constituir, adquirir ou participar de outras sociedades, observadas as disposições legais deste instrumento.

CAPÍTULO II
DO CAPITAL SOCIAL

Artigo 4º – O capital social é de R$ 1.975.000,00 (um milhão, novecentos e setenta e cinco mil reais), subscrito e integralizado, sendo R$ 436,00 (Quatrocentos e trinta e seis reais) em moeda corrente do país e R$ 1.974.564,00, (um milhão, novecentos e setenta e quatro mil, quinhentos e sessenta e quatro reais) formado pelos bens imóveis do usufrutuário, **PAI, e de sua esposa, MÃE**, divididos em 1.975.000 (um milhão, novecentos e setenta e cinco mil) cotas no valor nominal de R$ 1,00 (um real) cada uma e distribuído da seguinte maneira:

Sócios	Cotas	Valor (R$)
FILHO 1	987.500	987.500,00
FILHO 2	987.500	987.500,00
TOTAL	1.975.000	1.975.000,00

Comentário: verifica-se que, na informação da distribuição do capital social, constam agora somente os herdeiros.

Os bens imóveis transferidos pelo usufrutuário **PAI e por sua esposa, MÃE**, são os seguintes:
1) **UNIDADE AUTÔNOMA N. 10**, modelo DUPLO, localizado no 12º pavimento, ou 10º andar, do empreendimento denominado "CONDOMÍNIO XXXXX", situado à Avenida XXXXXXXX, N. 386, e Rua XXXXX, N. 293, nesta Cidade e Comarca de XXXXXXXXX-SP, contendo: sala, lavabo, cozinha, lavanderia, despensa, banheiro de serviços, sala íntima, escritório, duas varandas, três dormitórios, três *closets*, três banheiros e três vagas determinadas pelo número da unidade na garagem comum do empreendimento, com área privativa de 298 m², área comum de 236,5040 m², área de garagem de 39 m² e área total de 573,5043 m², correspondendo-lhe uma fração ideal de 3,7983% no terreno e demais coisas comuns do empreendimento. Conforme matrícula n. 28.7XX, do Registro de Imóveis de XXXXXX – SP. Adquirido em 07/02/2001. VALOR: R$ 129.349,00.

2) **UNIDADE AUTÔNOMA N. 8**, modelo TIPO, localizada no 10º pavimento, ou 8º andar, do empreendimento denominado "CONDOMÍNIO EDIFÍCIO XXXXXX", situado à XXXXXXX, N. 386, e Rua XXXXXXXXX, N. 29X, nesta Cidade e Comarca de XXXXXXXXX SP, contendo: sala, sala de TV, lavabo, cozinha, lavanderia, banheiro de serviço, varanda, quatro dormitórios, dois banheiros e duas vagas determinadas pelo número da unidade na garagem comum do empreendimento, com área privativa de 149 m², área comum de 120,6730 m², área de garagem de 26 m² e área total de 295,6730 m², correspondendo-lhe uma fração ideal de 1,9380% no terreno e demais coisas comuns do empreendimento. Conforme matrícula n. 28.7XX, do Registro de Imóveis de XXXXXXXX – SP. Adquirido em 07/02/2001. VALOR: R$ 54.997,41.

3) **UMA FRAÇÃO IDEAL** correspondente a 4,1350609% de **UM TERRENO** formado pela unificação de duas glebas distintas, frontariando a Avenida XXXXXXXX e as Ruas XXXXXXXXX e Barão XXXXXXX, dessa cidade, com área de 1.477,34 m², e a descrição seguinte: na frente, medindo 28,90 metros, com a Avenida XXXXXXXX, e depois, em curva de raio de 3,50 metros, mais 6,90 metros na confluência da Avenida XXXXXXXXX e Rua XXXXXX; no lado direito de quem da Avenida Barão XXXXXXX olha para o terreno mede 46,20 metros, confrontando com o alinhamento da Rua XXXXXX; no lado esquerdo confronta com propriedade de XXXXXXXX, na extensão de 44,37 metros; no fundo, mede 28,67 metros com o alinhamento da Rua Barão de XXXXXXXXXX, e depois, em curva de raio de 2,50 metros, mais 3,70 metros, na confluência das Ruas Barão XXXXXXXX e XXXXXXXX, em solução ao compromisso de venda e compra, retratado no R.3, cedido nos R.8 e R.30 de ordem. Apartamento n. 10, Edifício XXXXXX. Conforme matrícula n. 50.000, do Segundo Oficial de Registro de Imóveis de XXXXXXX – SP. VALOR: R$ 250.000,00.

4) 50% de UM TERRENO constituído da chácara n. 50 da quadra "N", do loteamento denominado "Chácaras XXXXXXXXXXXXXXXXXXX", bairro XXXXXXX, encerrando a área total de 3.491,80 m², com as seguintes medidas e confrontações: na frente, mede 24,50 metros, com a Rua 04, e mais 12,20 metros, em curva, com a confluência da Rua 04 com a Rua 11; pelo lado direito de quem olha para o terreno, em que mede 100,00 metros, com a Chácara n. 51; pelo lado esquerdo, em que mede 93,00 metros, com a Rua n. XX, com a qual faz esquina, e pelos fundos, em que mede 38,00 metros, com propriedade de XXXXXXXXXXXX. (Averbação n. 6). **Conforme Averbação n. 9**, foi construído um **PRÉDIO QUE RECEBEU O NÚMERO 01**, da Rua X com a Rua XX, com área construída de 548,53 m², conforme habite-se n. 081/01, expedido em 29 de junho de 2001, pela Prefeitura Municipal de XXXXXXXXXXXXX. Município e comarca de XXXXXXXXXX – SP. Conforme matrícula n. 6.84X, do Primeiro Cartório de Registro de Imóveis e Anexos de XXXXXXXXXX – SP. VALOR: R$ 1.300.000,00.

5) **UM PRÉDIO industrial**, com a área de 2.977,15 m² de construção, e seu respectivo TERRENO com área de 5.333,00 m², formado pelos lotes 1 e 11, da Quadra 1, da Vila XXXXXXXXXX, no bairro XXXXXXXXXX, perímetro urbano, deste Município e comarca de XXXXXXXXXX – SP, medindo 135,50 metros de frente para a Rua XXXXXXXXXXX; 52,20 metros de um lado com XXXXXXXXX; 18,00 metros em curva, entre a Rua XXXXXXXXXXXXX e a Via XXXXXXXXXX; e 146,40 metros para a Via XXXXXXXXXXX, imóvel este perfeitamente descrito e caracterizado na matrícula n. 3.107 do Oficial de Registro de Imóveis de XXXXXXXXX – SP. VALOR: R$ 240.217,59.

Artigo 5º – A Sra. **MÃE**, já qualificada, casada sob o regime da comunhão universal de bens, com **PAI**, **assina o presente instrumento, dando sua outorga uxória**, para esta integralização do capital social, prevista no artigo 1.647, I, do Código Civil.

Comentário: outorga, comentada anteriormente.

Artigo 6º – Todos os sócios concordam expressamente com os valores atribuídos aos bens entregues para a integralização da constituição de capital social pelo sócio **PAI e por sua esposa, MÃE,** dispensando a exigência de prévia avaliação.

Artigo 7º – A posse dos imóveis é transmitida, neste ato, para a sociedade.

Artigo 8º – Nos termos do art. 142 do Decreto n. 9.580/2018, combinado com o art. 23 da Lei n. 9.249/95, a transferência dos bens pelo sócio **PAI e por sua esposa, MÃE,** para a integralização do capital social, ocorre pelo valor constante das Declarações de Bens e Direitos integrantes das Declarações do Imposto de Renda da Pessoa Física – Exercício 2024, ano-calendário 2023, não gerando ganho de capital.

Artigo 9º – O prazo de duração da sociedade será por tempo indeterminado, extinguindo-se por vontade unânime dos sócios e nos casos previstos em Lei.

Artigo 10 – **PAI e sua esposa, MÃE,** permanecem com o usufruto vitalício das cotas.
Parágrafo 1º – No caso de falecimento do doador e usufrutuário **PAI**, fica estipulado, desde já, que o presente benefício do usufruto passa imediatamente para sua esposa **MÃE**, acima qualificada, continuando ainda gravadas as cotas com incomunicabilidade, inalienabilidade e impenhorabilidade na forma da lei civil, conforme alteração contratual e redistribuição de cotas.
Parágrafo 2º – No caso de falecimento da doadora e usufrutuária **MÃE**, fica estipulado, desde já, que o presente benefício do usufruto passa imediatamente para seu esposo **PAI**, acima qualificado, continuando ainda gravadas as cotas com incomunicabilidade, inalienabilidade e impenhorabilidade na forma da lei civil, conforme alteração contratual e redistribuição de cotas.

Comentário: cláusula do estabelecimento do usufruto, com suas regras.

Artigo 11 – As cotas da sociedade ficam gravadas com incomunicabilidade, inalienabilidade, impenhorabilidade na forma da lei civil, não podendo ser liquidadas mediante requerimento de credores dos sócios.

Artigo 12 – As cotas de capital não se comunicam com os cônjuges dos sócios donatários, por estarem excluídas da comunhão, de acordo com o inciso I do artigo 1.659 da Lei n. 10.406/2002 (Código Civil brasileiro), por tratar-se de doação e sucessão.

Comentário: estabelecimento de impenhorabilidade, inalienabilidade e incomunicabilidade.

Artigo 13 – A responsabilidade dos sócios é limitada ao valor de suas cotas, respondendo solidariamente pela integralização do capital social, de acordo com o artigo 1.052 da Lei n. 10.406, de 10 de janeiro de 2002.

Artigo 14 – As cotas de capital são indivisíveis em relação à sociedade e cada cota dará direito a um voto nas reuniões da sociedade.

Artigo 15 – Poderá haver aumento ou redução do capital social, observado o seguinte:
§ 1º – No caso de aumento do capital, os sócios realizarão reunião e terão preferência para participar dele, na proporção das cotas de que sejam titulares, quando será processada a alteração do Contrato Social;
§ 2º – A redução do capital processar-se-á nos seguintes termos:
a) quando houver perdas irreparáveis, será realizada com a diminuição proporcional do valor nominal das cotas;
b) se o valor for excessivo em relação ao objeto da sociedade, ele será restituído aos sócios na proporção nominal das cotas.

Artigo 16 – No caso de falecimento de qualquer donatário, as cotas retornam ao doador usufrutuário, sem qualquer ônus.

Comentário: essa cláusula é opcional e prevê o que acontece com as cotas caso haja falecimento de um herdeiro e os pais ainda estejam vivos. Nesse exemplo, as cotas retornam para os doadores, mas poderia haver a determinação de que vão diretamente para os sucessores.

CAPÍTULO III
DA ADMINISTRAÇÃO

Artigo 17 – A administração da sociedade cabe ao sócio **PAI, de forma isolada**, com poderes e atribuições de representá-la ativa, passiva, judicial e extrajudicialmente, sempre na defesa dos interesses sociais, sendo de única e exclusiva competência os negócios patrimoniais, trabalhistas, previdenciários, tributários, financeiros, comerciais e todos os demais atos necessários à gestão da sociedade, respondendo, quando for o caso, pelos excessos que vier a cometer, autorizado o uso do nome empresarial, vedado, no entanto, em atividades estranhas ao interesse social ou assumir obrigações em favor de qualquer dos quotistas ou de terceiros. Todavia, poderá onerar ou alienar bens imóveis da sociedade, sem autorização dos sócios, continuando com a necessidade de anuência e outorga, para esses fins, da Sra. **MÃE**.

Parágrafo Único: em caso de impossibilidade, por qualquer razão, inclusive falecimento, de o administrador continuar a exercer esses poderes, a administração e representação da sociedade continuará, e será exercida, pela sócia anuente **MÃE**.

Artigo 18 – O uso da firma será feito pelo administrador, isoladamente e exclusivamente para os negócios da própria sociedade.

Artigo 19 – Pelo exercício da administração, o administrador poderá estipular, por meio de reunião anual de sócios, uma retirada mensal, a título de PRÓ-LABORE.

Artigo 20 – Caberá ao administrador da sociedade a decisão de nomeação dos representantes da sociedade nas empresas coligadas, controladas ou em que participe de alguma maneira.

CAPÍTULO IV
DAS REUNIÕES DOS SÓCIOS QUOTISTAS E DO *QUÓRUM*

Artigo 21 – As Reuniões dos Sócios Quotistas serão convocadas pelo sócio administrador, pelo administrador contratado ou pelos sócios que representem a maioria do capital social, mediante convocação por escrito ou verbal, constando este fato na respectiva ata, e realizadas:
a) obrigatoriamente:
i) aprovação das contas da administração;
ii) designação do administrador quando este não fizer parte da sociedade;
iii) destituição dos sócios administradores ou administrador contratado;
iv) incorporação, fusão e a dissolução da sociedade ou cessação do estado de liquidação;
v) nomeação e destituição dos liquidantes e o julgamento de suas contas;
vi) pedido de concordata.
b) facultativamente:
– sempre que os sócios que detêm a maioria do capital social julgarem necessário.

Parágrafo Único: as atas das reuniões serão lavradas em livro próprio, cabendo aos sócios designar entre eles o Presidente e Secretário da reunião.

Artigo 22 – Em relação aos atos e decisões a serem tomadas nas reuniões dos sócios quotistas, deverão ser observados os seguintes *quóruns* para a validade das decisões tomadas:
i) para a reunião dos sócios quotistas: maioria do capital social;
ii) para alteração do Contrato Social: ¾ do capital social;

iii) para incorporação, fusão, dissolução da sociedade ou cessação do estado de liquidação: ¾ do capital social;
iv) para designação do administrador, sua demissão, fixação de remuneração e pedido de concordata: mais da metade do capital social;
v) maioria de votos dos presentes nos demais casos não constantes dos itens I a IV do presente artigo.

Artigo 23 – Todas as deliberações da sociedade, inclusive as matérias constantes do artigo 1.071 do Código Civil, somente serão consideradas como aprovadas, se assim o forem, pela vontade do administrador usufrutuário.

Parágrafo Único: não havendo mais o usufruto, as decisões serão consideradas aprovadas pela vontade dos sócios.

Comentário: essa cláusula é para reforçar o poder de decisão dos usufrutuários em todos os atos de decisão. Não havendo mais o usufruto, ela é "destravada" e os filhos passam a ter o poder pleno de decisão.

CAPÍTULO V
DO EXERCÍCIO SOCIAL E DESTINAÇÕES DE LUCROS E PERDAS

Artigo 24 – O exercício social terminará em 31 de dezembro de cada ano, quando será levantado o respectivo Balanço Patrimonial e a Demonstração de Resultado do Exercício.

Artigo 25 – Os lucros ou prejuízos apurados serão distribuídos ou suportados pelos sócios, podendo ser realizado de modo **desproporcional** em relação à participação no capital, cabendo essa decisão aos sócios administradores. Os sócios desde já reconhecem a validade desta condição, que é justificada como mecanismo de retribuição a cada sócio que colaborou com seu trabalho pessoal para a formação do resultado auferido pela sociedade, independentemente de eventual pagamento de "pró-labore".

§ 1º – No transcorrer do exercício, havendo lucros apurados em balanços intermediários ou balancetes, poderão ser eles distribuídos aos sócios na proporção de suas cotas de capital, como antecipação.

§ 2º – Se no encerramento final do balanço os lucros forem inferiores aos retirados como antecipação, caberá aos sócios a devolução, para a sociedade, da parte excedente nas mesmas proporções do § 1º.

CAPÍTULO VI
DA RETIRADA E EXCLUSÃO DE SÓCIOS

Artigo 26 – As cotas da sociedade serão indivisíveis e não poderão ser cedidas ou transferidas sem o expresso consentimento dos sócios, cabendo, em igualdade de preços e condições, o direito de preferência aos sócios que queiram adquiri-las, no caso de algum sócio pretender ceder as que possui.

Artigo 27 – É vedado aos sócios caucionar ou dar suas cotas em garantia, seja a que título for.

Artigo 28 – Se qualquer dos sócios desejar se retirar da sociedade, deverá comunicar sua intenção aos demais por escrito, especificando o preço da oferta e as condições de pagamento, e concedendo prazo de 180 (cento e oitenta) dias para manifestação.

Artigo 29 – Neste caso, se qualquer sócio desejar retirar-se da sociedade, é assegurado o direito personalíssimo e exclusivo de preferência ao sócio, que poderá exercê-lo pagando um valor nominal da cota que constar no Contrato Social, reavaliado a valor de mercado vigente à época da retirada em 120 (cento e vinte) parcelas mensais, iguais e sucessivas, com acréscimos legais, não estando sujeito, portanto, a igualar ofertas de terceiros. O prazo aqui mencionado pode ser modificado em comum acordo das partes.

Artigo 30 – Os sócios poderão deliberar em reunião de sócios, excluírem da sociedade, por justa causa, os sócios que estejam pondo em risco a continuidade da empresa, devendo ser apurados os respectivos haveres através de demonstrações contábeis da sociedade na data do evento, reavaliado a valor de mercado vigente à época. Nessa hipótese de exclusão de sócios, será levantado um Balanço Patrimonial na data da saída, e com base nestas demonstrações contábeis será apurado o quinhão do sócio, que será reembolsado em 120 (cento e vinte) prestações mensais, iguais e sucessivas, com acréscimos legais.

**CAPÍTULO VII
DO *AFFECTIO SOCIETATIS***

Artigo 31 – Falecendo qualquer sócio, a sociedade continuará suas atividades normalmente com os sócios remanescentes. A sociedade é fundada sobre o princípio do ***AFFECTIO SOCIETATIS***, que deve estar presente obrigatoriamente em relação a todos os sócios, uma vez que é fundamental à sobrevivência da sociedade e de seu desiderato. Por essa razão, não será admitido, em nenhuma hipótese, o ingresso de eventuais sucessores, seja a que título for, sem o expresso consentimento de todos os sócios remanescentes, a quem caberá, exclusivamente, a decisão de admitir na sociedade pessoas estranhas ao quadro societário.

Artigo 32 – Na presença de eventuais sucessores, que não obtiveram consentimento de admissão na sociedade, será levantado um Balanço Patrimonial na data desse evento, e com base nessas demonstrações que se basearão exclusivamente nos valores contábeis, será apurado o quinhão respectivo, reavaliado a valor de mercado vigente à época, que será reembolsado em 120 (cento e vinte) prestações mensais, iguais e sucessivas, sem acréscimos de quaisquer valores, mesmo a título de juros, justificando-se esse prazo para não colocar em risco a sobrevivência da sociedade.

Artigo 33 – A sociedade não se dissolverá pela morte, incapacidade, retirada de sócio quotista, nem por sua exclusão. Também não haverá dissolução da sociedade mesmo que remanesça um único sócio, continuando, nesta hipótese, com o sócio remanescente pelo prazo máximo de 180 (cento e oitenta) dias, como faculta o inciso IV do artigo 1.033 da Lei n. 10.406/2002.

Comentário: reiteramos a importância dessa cláusula do *affectio societatis*. Ela é fundamental em empresas como as *holdings*, pois é ela que disciplina se poderão ingressar na sociedade, no futuro, outras pessoas mediante autorização dos sócios remanescentes. Por exemplo: vamos imaginar que um dos filhos (sócio) faleça. Será permitido o ingresso de seus sucessores na *holding*? Caso não, esses deverão receber o seu quinhão normalmente, e é essa cláusula que disciplina isso e de que forma isso é feito.

CAPÍTULO VIII
DAS DISPOSIÇÕES FINAIS

Artigo 34 – Os administradores declaram, sob as penas da Lei, que não estão impedidos de exercer a administração da sociedade, por Lei especial, nem condenados à pena que vede, ainda que temporariamente, o acesso a cargos públicos; ou por crime falimentar de prevaricação, peita ou suborno, concussão, peculato, ou contra a economia popular, contra o sistema financeiro nacional, contra as normas de defesa da concorrência, contra as relações de consumo à fé pública, ou à propriedade.

Artigo 35 – As omissões ou dúvidas que possam ser suscitadas sobre o presente Contrato, serão supridas ou resolvidas com base na Lei n. 10.406, de 10 de janeiro de 2002.

Artigo 36 – Fica eleito o foro desta comarca para os procedimentos judiciais referentes a este Instrumento de Contrato Social, com expressa renúncia de qualquer outro, por mais especial ou privilegiado que seja.

E, por estarem em perfeito acordo, em tudo quanto neste instrumento particular foi lavrado, obrigam-se a cumprir o presente contrato, por si e por seus herdeiros, na presença das testemunhas abaixo, em 3 vias de igual teor, para um só efeito.

Cidade-Estado, xx de xxxxxxxx de 2024.

Comentário: cláusulas finais padrão.

_____

PAI

_____

FILHO 1

_____

FILHO 2

Outorgante anuente:

_____

MÃE

Testemunhas:

_____ _____

VISTO: ADVOGADO

    Comentário: a assinatura do advogado nesta alteração contratual é opcional, mas recomenda-se que sempre haja.

    Procede-se, por fim, ao registro na Junta Comercial, o que efetiva o ato.

REFERÊNCIAS

BRASIL. *Lei n. 10.406, de 10 de janeiro de 2002*. Institui o Código Civil. Disponível em: https://www.planalto.gov.br/ccivil_03/LEIS/2002/L10406compilada.htm. Acesso em: 16 fev. 2024.

LEONE, Nilda Maria de Clodoaldo Pinto Guerra. *Sucessão na empresa familiar*: preparando as mudanças para garantir sobrevivência no mercado globalizado. São Paulo: Atlas, 2005.

Capítulo 7

COMO FICA O IMPOSTO DE RENDA DA PESSOA FÍSICA?

7.1 INTRODUÇÃO

Depois que a *holding* está concluída, é necessário fazer os ajustes na declaração de Imposto de Renda dos doadores e dos herdeiros.

Na declaração dos doadores, os bens deverão ser baixados, informando que foram aportados para o capital da empresa *holding* constituída. Ao mesmo tempo, um novo bem deverá ser aberto informando a participação na *holding*.

Deverá haver a informação de doação das cotas aos herdeiros na ficha de doações e deverá ser mantido 1/3 das cotas da empresa a título de usufruto (veremos um exemplo a seguir).

Na declaração de bens dos herdeiros, deverá ser informado, na ficha, a participação na *holding*, e na ficha de rendimentos isentos – transferências patrimoniais, informar o mesmo valor informado pelo doador como doação das cotas.

Pode ocorrer, por vezes, de a *holding* não ser concluída no mesmo ano. Por exemplo: foi aberta em outubro, com o aporte dos bens para a composição do capital social, e está em processo de registro de imóveis etc.

Nesse caso, certamente os ajustes nas declarações de Imposto de Renda serão feitos durante dois anos.

No primeiro ano, deve-se baixar os bens da declaração dos doadores e informar a participação na *holding* e, na declaração dos herdeiros, informar a participação na *holding* (uma cota).

No segundo ano, deve-se informar, na declaração dos doadores, a baixa das cotas da *holding* e informar 1/3 a título de usufruto, bem como informar, na ficha de doações efetuadas, o valor correspondente à doação para cada herdeiro. Na declaração dos herdeiros, deve-se informar, na ficha rendimentos isentos – transferências patrimoniais, o valor recebido, e na ficha de bens aumentar o valor da participação na *holding* com a totalidade das cotas.

A seguir vamos utilizar os dados do Capítulo 6, *Doação das Cotas da* Holding, para aplicarmos um exemplo prático de ajuste nas declarações de Imposto de Renda.

7.2 EXEMPLO DE AJUSTES NAS DECLARAÇÕES DE IMPOSTO DE RENDA PESSOA FÍSICA

Retomando os dados de nosso exemplo do Capítulo 6, os bens apresentados no Quadro 7.1 foram aportados na *holding*.

Quadro 7.1 Relação patrimonial familiar

Imóvel	Valor no Imposto de Renda	Valor venal
Unidade Autônoma n. 10	129.349,00	500.000,00
Unidade Autônoma n. 8	54.997,41	500.000,00
4,13% de um terreno	250.000,00	1.000.000,00
50% de um terreno	1.300.000,00	2.600.000,00
Um prédio industrial	240.217,59	3.200.000,00
TOTAL	1.974.564,00	7.800.000,00

Lembrando que as cotas doadas pelo fundador totalizavam 1.974.988 cotas, no valor de R$ 1.974.988,00.

Vamos considerar que todo o processo da *holding* foi concluído no mesmo ano.

Na declaração do doador

a. Zerar o valor dos cinco imóveis, informando que foram aportados na *holding*: "[...] transferido como aporte de capital para constituição da empresa XYZ PARTICIPAÇÕES E ADMINISTRAÇÃO DE BENS PRÓPRIOS LTDA., CNPJ: XXXXXX/0001-XX, conforme registro na JUNTA COMERCIAL sob n. XXXXXX, em XX/XX/XXXX"

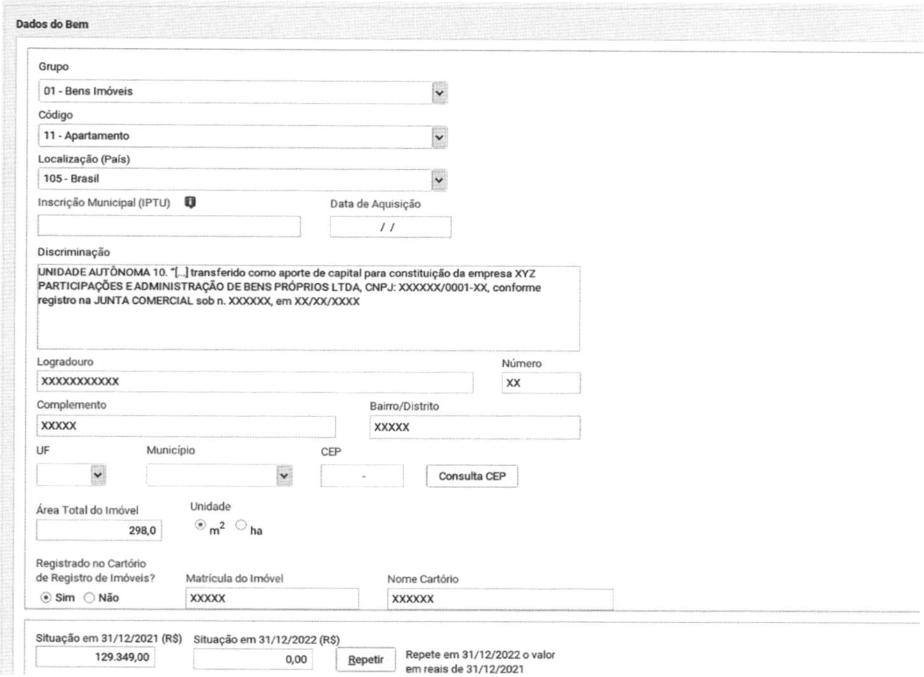

Figura 7.1 Baixa dos bens imóveis no Imposto de Renda.
Fonte: Receita Federal do Brasil.

Utilizamos como exemplo o primeiro imóvel; é só repetir essa etapa em todos os outros.

b. Abrir um novo bem, no grupo "03 – Participações Societárias", código "02 – Cotas ou quinhões de capital", mencionando a constituição da empresa e a doação realizada, deixando os valores zerados nos dois anos.[1]

---

[1] Mantivemos os dois valores zerados porque estamos utilizando exemplo de *holding* concluída no mesmo ano. Caso não seja, deverá ser mantido o valor no ano final e eliminar o histórico da doação.

"1.974.998 cotas de capital, no valor de R$ 1,00 cada uma, da empresa XYZ PARTICIPAÇÕES E ADMINISTRAÇÃO DE BENS PRÓPRIOS LTDA., CNPJ: XXXXXX/0001-XX, constituída em XX/XX/XXXX, conforme registro na JUNTA COMERCIAL sob n. XXXXXX, em XX/XX/XXXX. DOADAS AS COTAS, PARA MEUS FILHOS, CONFORME FICHA DE DOAÇÕES DESTA DECLARAÇÃO. RESERVADO A MIM E ESPOSA O USUFRUTO VITALÍCIO."

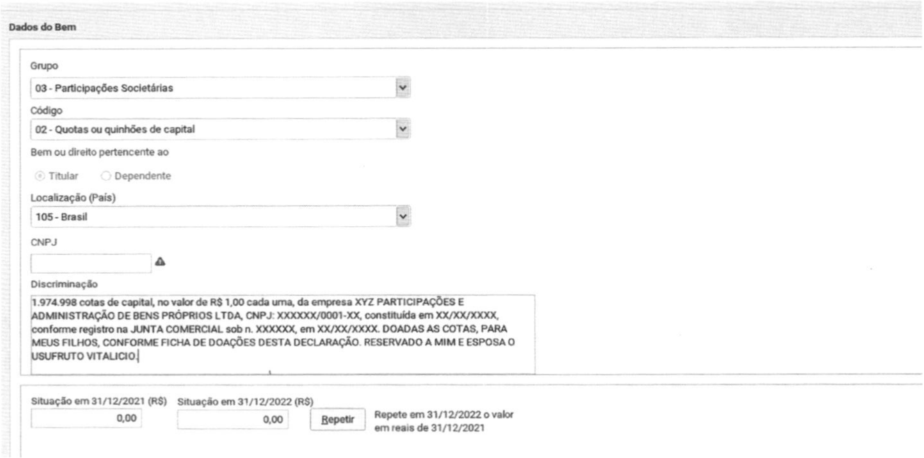

Figura 7.2 Preenchimento das cotas da *holding*.
Fonte: Receita Federal do Brasil.

c. Abrir um novo bem, no grupo "99 – Outros Bens e Direitos", código "99 – Outros bens e direitos", mencionando o usufruto vitalício das cotas da empresa e atribuindo o valor correspondente a 1/3 das cotas doadas.[2]

33,33% DE XYZ PARTICIPAÇÕES E ADMINISTRAÇÃO DE BENS PRÓPRIOS LTDA., CNPJ: XXXXXXX/0001-XX, CONSTITUÍDA EM XX/XX/XXXX, CF REG NA JUNTA COMERCIAL SOB N. XXXXXXX, CORRESPONDENTE AO DIREITO DE USUFRUTO DAS MINHAS COTAS E DE MINHA ESPOSA, MÃE. AS COTAS FORAM DOADAS PARA NOSSOS FILHOS, FILHO 1, CPF: XXXXXXXXXXX, 987.499 COTAS, R$ 987.499,00, FILHO 2, CPF: XXXXXXXXX, 987.499 COTAS, R$ 987.499,00, COM DEVIDO RECOLHIMENTO DE ITCMD PELOS DONATÁRIOS, EM XX/XX/20XX.

---

[2] Estamos utilizando um exemplo no qual os bens estão concentrados em apenas um dos cônjuges; havendo bens separados, será necessário realizar essa operação em ambas as declarações.

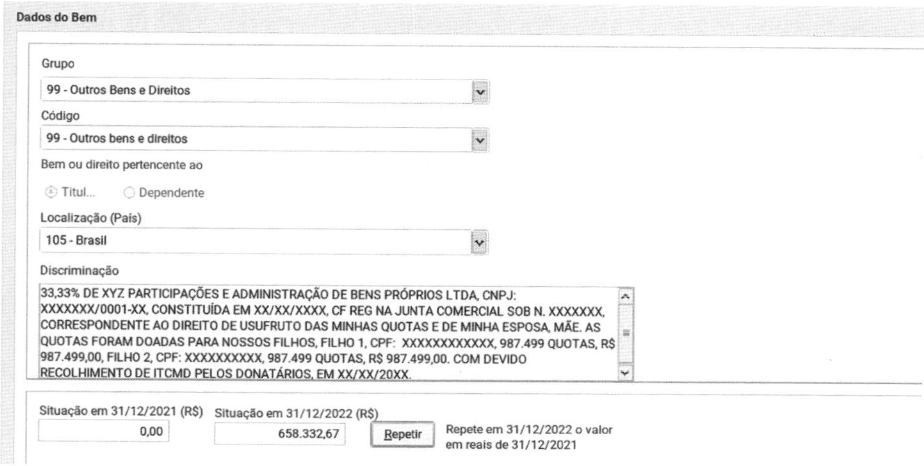

Figura 7.3 Preenchimento do usufruto.
Fonte: Receita Federal do Brasil.

Chegamos ao valor de R$ 658.332,67 calculando 1/3 sobre o valor das cotas do doador, que, no nosso exemplo, totalizam R$ 1.974.998,00.

Esse terço ficará constando da declaração dos doadores até seu falecimento, quando o usufruto se encerrará e os herdeiros deverão recolher sobre esse valor o terço final do Imposto sobre Transmissão *Causa Mortis* e Doação (ITCMD) e transferirão da declaração dos doadores para as suas, completando assim o valor total das cotas de capital.

d. Na ficha de doações efetuadas, deve-se informar, no código "81 – Doações em bens e direitos", o CPF dos filhos e os valores correspondentes a 2/3 das cotas da *holding*, divididos entre os filhos. Essas informações devem corresponder exatamente aos valores constantes na Declaração de ITCMD transmitida à Fazenda Estadual.[3]

O valor de R$ 658.332,66 foi encontrado calculando-se 2/3 sobre o valor total das cotas doadas R$ 1.974.998,00. O resultado é R$ 1.316.665,33, que é dividido entre os dois filhos.

Note que todas as cotas do doador foram transferidas aos filhos, contudo os cálculos e lançamentos anteriores deverão ser feitos dessa maneira para atender à legislação do ITCMD e garantir a reserva de 1/3 a título de usufruto para os doadores.

---

[3] *Vide* Capítulo 5, *Imposto de Transmissão* Causa Mortis *e Doação*, para maiores esclarecimentos sobre o ITCMD.

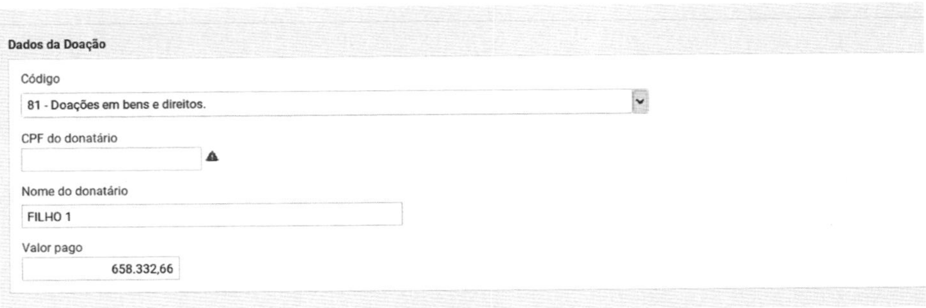

Figura 7.4 Preenchimento da ficha de doação no Imposto de Renda.
Fonte: Receita Federal do Brasil.

Figura 7.5 Preenchimento da ficha de doação no Imposto de Renda.
Fonte: Receita Federal do Brasil.

Na declaração dos herdeiros

a. Na ficha de rendimentos isentos, deve-se informar, no código "14 – Transferências patrimoniais doações e heranças", o CPF e o nome do doador e o valor da doação (correspondente às cotas).

b. Na ficha de bens e direitos, deve-se abrir, no grupo "03 – Participações Societárias", código "02 – Quotas ou quinhões de capital", as informações sobre a constituição inicial da *holding*, com sua participação de uma cota, e complementar com as informações da doação de cotas recebidas. No valor, informar o R$ 1,00 da cota própria, mais o valor correspondente aos 2/3 recebidos e informados na ficha de rendimentos isentos.

"1 cota da empresa XYZ PARTICIPAÇÕES E ADMINISTRAÇÃO DE BENS PRÓPRIOS LTDA., CNPJ: XXXXXXXX/0001-XX, conforme registro na JUNTA COMERCIAL sob n. XXXXXXX, em XX/XX/XXXX, no valor de R$ 1,00. [...] RECEBIDAS POR DOAÇÃO DE MEU PAI, XXXXXXXXX, CPF: XXXXXXX E MINHA MÃE, XXXXXXX, CPF: XXXXXXXXX, 987.499 COTAS, EM XX DE XXXXXX DE 20XX, COM 1/3 DE RESERVA DE USUFRUTO. ITCMD RECOLHIDO. TOTALIZANDO 987.500 COTAS, NO VALOR DE R$ 987.500,00."

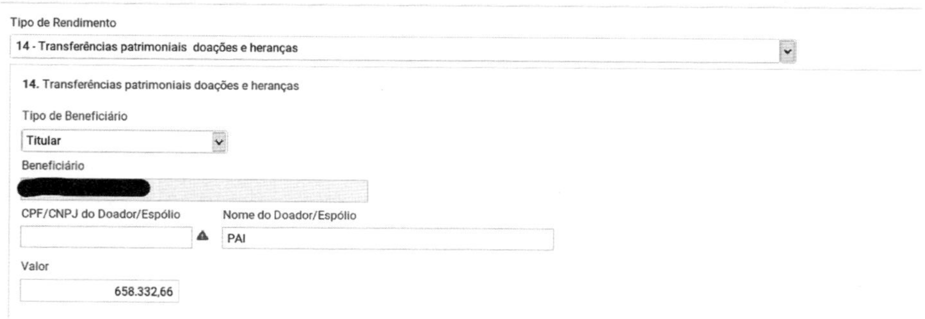

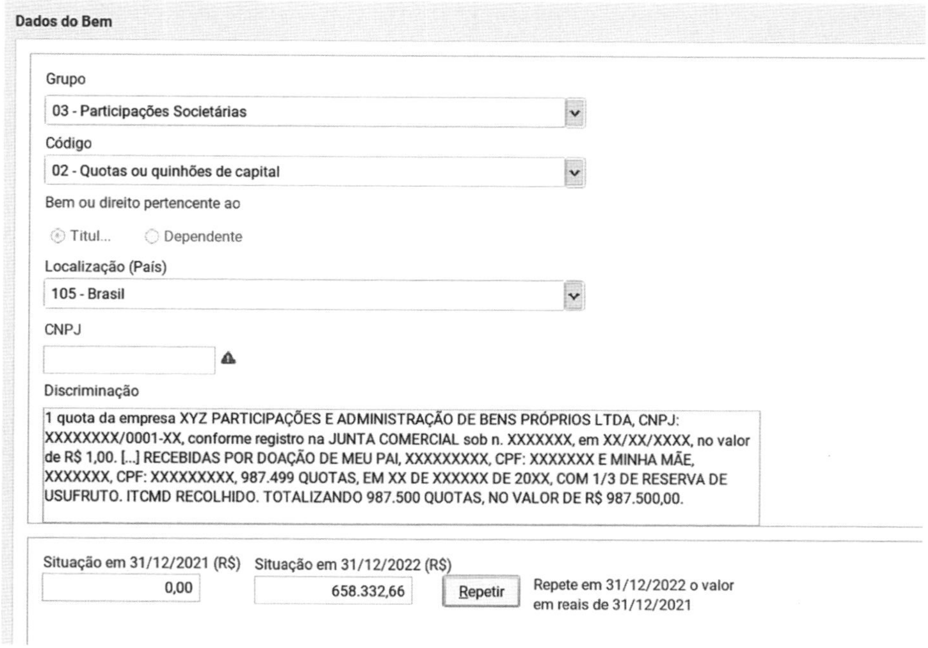

Figura 7.6 Preenchimento da ficha de rendimentos isentos na declaração dos filhos.
Fonte: Receita Federal do Brasil.

Figura 7.7 Preenchimento das cotas da *holding* na ficha de bens da declaração de Imposto de Renda dos filhos.
Fonte: Receita Federal do Brasil.

Note que o valor total informado no descritivo do bem corresponde ao valor de face das cotas; contudo, o valor no campo "situação em xxxxx" corresponde ao mesmo valor informado na ficha de rendimentos isentos, ou seja, correspondendo a 2/3 do valor. Lembrando que o herdeiro já tinha uma cota, na constituição da *holding*.

7.3 PONTOS IMPORTANTES

É importante ressaltarmos alguns pontos referentes ao ajuste da Declaração de Imposto de Renda Pessoa Física dos doadores e dos donatários.

Em primeiro lugar, o exemplo que utilizamos de históricos de bens é uma sugestão e pode ser modificado desde que sejam preservados os dados principais.

Em segundo lugar, pode haver situações diversas, por exemplo, os bens do casal estarem distribuídos entre as declarações do patriarca e da matriarca. Nesse caso, pode-se optar pela centralização em um dos cônjuges e procede-se conforme o exemplo anterior, ou, então, os ajustes podem ser feitos em ambas as declarações. Contudo, é preciso estar atento às informações das fichas de doação (pais) e de rendimentos isentos (filhos), se forem informados os dois doadores, pois deve constar dessa maneira na declaração de ITCMD transmitida à Fazenda.

É fundamental que as declarações "conversem entre si", ou seja, que não haja divergências entre as declarações do(s) doador(es) e dos donatários, e em relação à declaração do ITCMD. Recomenda-se que esse ajuste nas declarações seja feito pela mesma pessoa (contador) ou que seja elaborado um miniguia caso existam contadores diferentes.

É possível que, dentro do prazo decadencial, o Estado notifique o contribuinte para que apresente informações mais detalhadas sobre a doação. Isso tem ocorrido em algumas Secretarias de Fazenda, mas o processo é bem tranquilo, pode ser feito de forma digital e, não havendo nenhuma inconsistência, é arquivado.

REFERÊNCIAS

BRASIL. *Lei n. 10.406, de 10 de janeiro de 2002*. Institui o Código Civil. Disponível em: https://www.planalto.gov.br/ccivil_03/LEIS/2002/L10406compilada.htm. Acesso em: 19 fev. 2024.

SÃO PAULO. *Lei n. 10.705, de 28 de dezembro de 2000*. Dispõe sobre a instituição do Imposto sobre Transmissão "*Causa Mortis*" e Doação de Quaisquer Bens ou Direitos – ITCMD. Disponível em: https://legislacao.fazenda.sp.gov.br/Paginas/lei10705.aspx. Acesso em: 19 fev. 2024.

Capítulo 8

ASPECTOS CONTÁBEIS E TRIBUTAÇÃO DA *HOLDING*

8.1 INTRODUÇÃO

Neste capítulo abordaremos os aspectos contábeis e tributários da *holding*, que deverão ser observados no início de suas atividades.

Dois aspectos são muito importantes nesse momento. O primeiro é determinar o regime tributário que a *holding* irá escolher. O outro é a classificação contábil que será feita nos imóveis aportados no capital social da empresa. A classificação deverá seguir, em primeiro lugar, uma análise do ponto de vista contábil, mas é importante também analisar os impactos fiscais dessa escolha.

A tributação de aluguéis ou de vendas dos imóveis pela *holding* dependerá dessas escolhas, de regime e de classificação.

8.2 CLASSIFICAÇÃO CONTÁBIL

A rigor, a classificação contábil de um ativo (no caso da *holding*, imóveis) deverá seguir os ditames das normas brasileiras de contabilidade.

Um imóvel aportado na *holding* como capital pode ter diversas possibilidades de classificação. Isso porque, de acordo com as normas brasileiras de contabilidade, o que vai determinar essa classificação é a intenção da administração de qual destino será dado a esse ativo.

Sua essência econômica e o seu destino determinarão a classificação. Vejamos o que nos traz o Pronunciamento Técnico CPC 00 (R2) – Estrutura Conceitual para Relatório Financeiro:

> Classificação é a organização de ativos, passivos, patrimônio líquido, receitas ou despesas com base em características compartilhadas para fins de divulgação e apresentação. **Essas características incluem, entre outras, a natureza do item, seu papel (ou função) dentro das atividades de negócio conduzidas pela entidade** e como é mensurado. (grifo nosso)

Portanto, é preciso uma análise em conjunto com os fundadores da *holding* para a decisão, pela contabilidade, de como classificar esses imóveis na contabilidade.

As classificações possíveis são:

Ativo Circulante – Estoque: geralmente, é a opção mais utilizada. Contudo, a análise da classificação em Estoque deve estar pautada na intenção imediata de venda. Vejamos como o Estoque é definido segundo o Pronunciamento Técnico CPC 16 (R1):

> Estoques são ativos:
> (a) mantidos para venda no curso normal dos negócios;
> (b) em processo de produção para venda; ou
> (c) na forma de materiais ou suprimentos a serem consumidos ou transformados no processo de produção ou na prestação de serviços.

O item (a) define claramente a intenção de venda no curso normal dos negócios.

Importante ressaltar também que essa atividade (objeto social) da *holding* deve estar explícita no Contrato Social.

Nesse caso, sua classificação contábil ficará conforme Quadro 8.1.

Quadro 8.1 Exemplo de balanço com classificação em estoques

ATIVO
ATIVO CIRCULANTE
ESTOQUES
IMÓVEL 1
IMÓVEL 2

Ativo Não Circulante – Investimentos: a possibilidade de classificação de um ativo como propriedade para investimento surgiu com as mudanças nas normas brasileiras de contabilidade ocorridas a partir de 2008.

O Pronunciamento Técnico CPC 28 – Propriedade para Investimento, em seu item 5, assim define "propriedade para investimento":

> Propriedade para investimento é a propriedade (terreno ou edifício – ou parte de edifício – ou ambos) mantida (pelo proprietário ou pelo arrendatário como ativo de direito de uso) para auferir aluguel ou para valorização do capital ou para ambas e, não, para:
> (a) uso na produção ou fornecimento de bens ou serviços ou para finalidades administrativas; ou
> (b) venda no curso ordinário do negócio.

Verifica-se que a intenção é a exploração do ativo para auferir rendas de aluguel e/ou para valorização do capital. Oposta, portanto, à intenção de venda, como é o caso de sua manutenção em estoques.

Do mesmo modo, a atividade de locação deve estar explícita no objeto social da *holding*.

A classificação contábil ficará assim disposta conforme Quadro 8.2.

Quadro 8.2 Exemplo de balanço com classificação em propriedades para investimentos

ATIVO
ATIVO NÃO CIRCULANTE
INVESTIMENTOS
PROPRIEDADES PARA INVESTIMENTO
IMÓVEL 1
IMÓVEL 2

Ativo Não Circulante – Imobilizado: a classificação dos imóveis como ativo imobilizado significa que este será utilizado exclusivamente na operação da empresa. Vejamos o que nos traz o Pronunciamento Técnico CPC 27:

> Ativo imobilizado é o item tangível que:
> (a) é mantido para uso na produção ou fornecimento de mercadorias ou serviços, para aluguel a outros, ou para fins administrativos; e
> (b) se espera utilizar por mais de um período.
> Correspondem aos direitos que tenham por objeto bens corpóreos destinados à manutenção das atividades da entidade ou exercidos com essa finalidade, inclusive os decorrentes de operações que transfiram a ela os benefícios, os riscos e o controle desses bens.

Portanto, o uso deverá ser exclusivo para o atendimento desses quesitos.

A classificação contábil ficará conforme Quadro 8.3.

Quadro 8.3 Exemplo de balanço com classificação em ativo imobilizado

ATIVO
ATIVO NÃO CIRCULANTE
ATIVO IMOBILIZADO
BENS EM OPERAÇÃO
IMÓVEIS
IMÓVEL 1
IMÓVEL 2
(–) DEPRECIAÇÃO ACUMULADA
(–) IMÓVEIS – DEPRECIAÇÃO ACUMULADA
(–) IMÓVEL 1
(–) IMÓVEL 2

Poderá haver ainda outras classificações, por exemplo:

Ativo Circulante – Ativo mantido para Venda: para essa classificação deverá haver intenção clara de vender. Além disso, é preciso que essa venda não seja atividade da empresa, que o ativo esteja disponível e pronto para venda imediata, que a venda seja altamente provável, que haja um planejamento para a venda, que esta tenha um preço de negociação razoável e seja efetuada no prazo máximo de um ano – salvo se alterada por fatores externos.

Ativo Circulante – Ativo mantido para Distribuição: nesse caso, a empresa está comprometida em distribuir o ativo aos sócios, ele está disponível e pronto para distribuição imediata, essa distribuição é altamente provável, as ações para essa distribuição já foram iniciadas e ela deverá ocorrer no prazo de no máximo um ano.

Contudo, como mencionamos, essas últimas classificações são menos usuais nas *holdings*. Geralmente são classificadas em "Estoques" ou "Propriedade para Investimento".

É possível, também, que haja várias classificações, uma vez que os ativos podem ter intenções de destinação diferentes. Por exemplo, podemos ter imóveis já disponíveis para venda – classificam-se no circulante em estoques –, outros mantidos para valorização ou locação – classificam-se no não circulante em investimentos – e outros para manutenção das atividades operacionais da *holding*, como sua sede – classificam-se no Ativo Não Circulante – imobilizado.

Vejamos, no Quadro 8.4, a classificação contábil mista entre investimentos e imobilizado.

Quadro 8.4 Exemplo de balanço com classificação em mais de um grupo patrimonial

ATIVO
ATIVO NÃO CIRCULANTE
INVESTIMENTOS
PROPRIEDADES PARA INVESTIMENTO
IMÓVEL 1
IMÓVEL 2
ATIVO IMOBILIZADO
BENS EM OPERAÇÃO
IMÓVEIS
IMÓVEL 1
IMÓVEL 2
(–) DEPRECIAÇÃO ACUMULADA

(continua)

(continuação)

(−) IMÓVEIS − DEPRECIAÇÃO ACUMULADA
(−) IMÓVEL 1
(−) IMÓVEL 2

Porém, alertamos que é necessário fazer uma análise bastante criteriosa dessa classificação porque ela poderá ter efeito na tributação da *holding*, conforme veremos a seguir.

8.3 TRIBUTAÇÃO DE ALUGUÉIS E VENDAS

A tributação de aluguéis e de vendas de imóveis pela *holding* vai depender de alguns fatores. Primeiramente, a escolha do regime tributário da empresa.

No Brasil existem três regimes possíveis:

1. Lucro Presumido;
2. Lucro Real;
3. Simples Nacional.

Para as *holdings*, não se costuma optar pelo regime do Simples Nacional.

O Lucro Real também é pouco utilizado, mas pode ser uma opção caso haja um planejamento tributário no qual fique comprovado que esse é o melhor regime a ser adotado. Lembrando que é um regime mais complexo e que envolve maior controle das operações e, sobretudo, uma contabilidade muito bem elaborada e detalhada.

O Lucro Real passa a ser vantajoso quando existem outras operações atreladas à *holding*, como atividades operacionais, participação em outras companhias (em que pode haver pagamento de Juros sobre o Capital Próprio etc.) e custos elevados de operacionalização. Enfim, todos os requisitos de análise que se faria em uma empresa não *holding*.

Cabe ao contador a análise e a orientação ao cliente de qual o melhor regime.

Geralmente, o regime mais utilizado, especialmente para as *holdings* familiares que não estão ligadas a grandes conglomerados, é o Lucro Presumido.

Vamos avaliar a tributação entre Lucro Real e Lucro Presumido nas classificações que apresentamos na Seção 8.1.

8.3.1 ESTOQUES (ATIVO CIRCULANTE)

Venda de Imóvel

Quadro 8.5 Tributação no Lucro Presumido na venda de imóveis

	Lucro Presumido
PIS/PASEP	0,65%
Cofins	3,00%
IRPJ	Presunção de 8%, alíquota de 15% + adicional[1] de 10%
CSLL	Presunção de 12%, alíquota de 9%

A base de cálculo é o valor do faturamento, que, no caso de venda, é o valor da transação.

Locação

Quadro 8.6 Exemplo de balanço com classificação em estoques

	Lucro Presumido
PIS/PASEP	0,65%
Cofins	3,00%
IRPJ	Presunção de 32%, alíquota de 15% + adicional[2] de 10%
CSLL	Presunção de 32%, alíquota de 9%

A base de cálculo é o valor do faturamento, no caso o valor das locações.

Venda/Locação

Quadro 8.7 Tributação no Lucro Real

	Lucro Real
PIS/PASEP	1,65%

(continua)

---

[1] Caso aplicável.
[2] Caso aplicável.

(continuação)

Cofins	7,60%
IRPJ	alíquota de 15% + adicional[3] de 10%
CSLL	alíquota de 9%

A base de cálculo é o lucro levantado e ajustado pela contabilidade.

8.3.2 ATIVO IMOBILIZADO (ATIVO NÃO CIRCULANTE)

No caso em que é mantida a classificação como ativo imobilizado, em caso de venda deverá apurar ganhos de capital e tributar integralmente, caso haja ganho.

No caso de locação eventual desse bem, não há incidência de PIS e Cofins, e Imposto de Renda e Contribuição Social deverão ser tributados integralmente (100%), às alíquotas de 15 e 9% respectivamente.

8.3.3 PROPRIEDADE PARA INVESTIMENTOS (ATIVO NÃO CIRCULANTE)

A classificação em propriedade para investimento não tem expressa, na legislação, a sua forma de tributação. Alguns entendem que deve seguir o mesmo conceito da classificação em imobilizado, ou seja, sem incidência de PIS e Cofins nas operações e com tributação direta de 15 e 9%, respectivamente, para Imposto de Renda e Contribuição Social.

Contudo, em nosso entendimento, havendo expressamente as atividades de compra, venda e locação no objeto social da empresa, é possível admitir a tributação como operacional e, portanto, seguir as regras da classificação como estoque, apresentadas anteriormente. Vejamos:

Venda de Imóvel

Quadro 8.8 Tributação no Lucro Presumido sobre a venda de imóveis

	Lucro Presumido
PIS/PASEP	0,65%
Cofins	3,00%

(continua)

---

[3] Caso aplicável.

(continuação)

IRPJ	Presunção de 8%, alíquota de 15% + adicional[4] de 10%
CSLL	Presunção de 12%, alíquota de 9%

A base de cálculo é o valor do faturamento e, no caso de venda, o valor da transação.

Locação

Quadro 8.9 Tributação no Lucro Presumido sobre a locação de imóveis

Lucro Presumido	
PIS/PASEP	0,65%
Cofins	3,00%
IRPJ	Presunção de 32%, alíquota de 15% + adicional[5] de 10%
CSLL	Presunção de 32%, alíquota de 9%

A base de cálculo é o valor do faturamento, no caso o valor das locações.

Venda/Locação

Quadro 8.10 Tributação no Lucro Real sobre venda e/ou locações de imóveis

Lucro Real	
PIS/PASEP	1,65%
Cofins	7,60%
IRPJ	alíquota de 15% + adicional[6] de 10%
CSLL	alíquota de 9%

A base de cálculo é o lucro levantado e ajustado pela contabilidade.

Contudo, recomendamos uma análise criteriosa para a decisão sobre a tributação.

---

[4] Caso aplicável.
[5] Caso aplicável.
[6] Caso aplicável.

8.4 EFEITO FISCAL DA CLASSIFICAÇÃO

Até 2021, a Receita Federal mantinha o entendimento de que para a correta tributação fiscal valia a classificação original, ou seja, se na constituição da empresa ou na aquisição de um novo imóvel, a classificação fosse feita no imobilizado, por exemplo, deveria ser tributado apurando-se os ganhos de capital. Não adiantava modificar a classificação porque o entendimento era claro nesse sentido.

Contudo, em 2021, foi editada, em 04 de março, a Solução de Consulta COSIT n. 7, que foi publicada no Diário Oficial da União em 11 de março de 2021, esclarecendo pontos e modificando esse entendimento. Vejamos:

> Assunto: Imposto sobre a Renda de Pessoa Jurídica – IRPJ
> LUCRO PRESUMIDO. ATIVIDADE IMOBILIÁRIA. VENDA DE IMÓVEIS. IMOBILIZADO. INVESTIMENTO. RECEITA BRUTA. GANHO DE CAPITAL.
> **Para fins de determinação da base de cálculo do IRPJ, a receita bruta auferida por meio da exploração de atividade imobiliária relativa à compra e venda de imóveis próprios submete-se ao percentual de presunção de 8% (oito por cento).**
> **Essa forma de tributação subsiste ainda que os imóveis vendidos tenham sido utilizados anteriormente para locação a terceiros, se essa atividade constituir objeto da pessoa jurídica, hipótese em que as receitas dela decorrente compõem o resultado operacional e a receita bruta da pessoa jurídica.**
> **A receita decorrente da alienação de bens do ativo não circulante, ainda que reclassificados para o ativo circulante com a intenção de venda, deve ser objeto de apuração de ganho de capital que, por sua vez, deve ser acrescido à base de cálculo do IRPJ na hipótese em que essa atividade não constitui objeto pessoa jurídica, não compõe o resultado operacional da empresa nem a sua receita bruta.**
> Dispositivos Legais: Lei n. 6.404, de 1976, art. 179, IV; Decreto-Lei n. 1.598, de 1977, arts. 11 e 12; Lei n. 9.430, de 1996, art. 25; Instrução Normativa RFB n. 1.700, de 2017, arts. 26, 33, § 1º, II, "c", e IV, "c", e 215, *caput* e § 14.
> Assunto: Contribuição Social sobre o Lucro Líquido - CSLL
> RESULTADO PRESUMIDO. ATIVIDADE IMOBILIÁRIA. VENDA DE IMÓVEIS. IMOBILIZADO. INVESTIMENTO. RECEITA BRUTA. GANHO DE CAPITAL.
> **Para fins de determinação da base de cálculo da CSLL, a receita bruta auferida por meio da exploração de atividade imobiliária relativa à compra e venda de imóveis próprios submete-se ao percentual de presunção de 12% (doze por cento).**
> **Essa forma de tributação subsiste ainda que os imóveis vendidos tenham sido utilizados anteriormente para locação a terceiros se essa atividade constituir objeto da pessoa jurídica, hipótese em que as receitas dela decorrente compõem o resultado operacional e a receita bruta da pessoa jurídica.**
> **A receita decorrente da alienação de bens do ativo não circulante, ainda que reclassificados para o ativo circulante com a intenção de venda, deve ser objeto de apuração de ganho de capital que, por sua vez, deve ser acrescido à base de cálculo da CSLL na hipótese em que essa atividade não constitui objeto pessoa jurídica, não compõe o resultado operacional da empresa nem a sua receita bruta.**

Dispositivos Legais: Lei n. 6.404, de 1976, art. 179, IV; Decreto-Lei n. 1.598, de 1977, arts. 11 e 12; Lei n. 9.430, de 1996, art. 29; Instrução Normativa RFB n. 1.700, de 2017, arts. 26, 34, *caput* e § 1º, III, e 215, §§ 1º e 14.

Assunto: Contribuição para o PIS/Pasep

REGIME CUMULATIVO. ATIVIDADE IMOBILIÁRIA. VENDA DE IMÓVEIS. RECEITA BRUTA. INCIDÊNCIA.

A pessoa jurídica que tem como objeto a exploração da atividade imobiliária relativa à compra e venda de imóveis está sujeita à incidência cumulativa da Contribuição para o PIS/PASEP, mediante a aplicação das alíquotas de 0,65% (sessenta e cinco centésimos por cento), em relação à receita bruta auferida com a venda de imóveis próprios, mesmo na hipótese de os imóveis vendidos já terem sido utilizados para locação a terceiros em período anterior à venda e, consequentemente, terem sido classificados no ativo imobilizado naquele período.

Dispositivos Legais: Lei n. 9.718, de 1996, arts. 2º e 3º, *caput* e § 2º, IV; Decreto-Lei n. 1.598, de 1977, art. 12.

Assunto: Contribuição para o Financiamento da Seguridade Social – Cofins

REGIME CUMULATIVO. ATIVIDADE IMOBILIÁRIA. VENDA DE IMÓVEIS. RECEITA BRUTA. INCIDÊNCIA.

A pessoa jurídica que tem como objeto a exploração da atividade imobiliária relativa à compra e venda de imóveis está sujeita à incidência cumulativa da Cofins, mediante a aplicação das alíquotas de 3% (três por cento), em relação à receita bruta auferida com a venda de imóveis próprios, mesmo na hipótese de os imóveis vendidos já terem sido utilizados para locação a terceiros em período anterior à venda e, consequentemente, terem sido classificados no ativo imobilizado naquele período.

Dispositivos Legais: Lei n. 9.718, de 1996, arts. 2º e 3º, *caput* e § 2º, IV; Decreto-Lei n. 1.598, de 1977, art. 12. (grifos nosso)

Verifica-se, portanto, que a Receita Federal admite que imóveis anteriormente classificados como Ativo Não Circulante e reclassificados para o circulante, ainda que tenham sido objeto de locação para terceiros, podem compor a base de cálculo das apurações de IRPJ, CSLL, PIS e Cofins, como atividade operacional se e, somente se, a atividade de imobiliária relativa à compra, venda e locação de imóveis próprios constar do objeto social da empresa.

8.5 LUCROS APURADOS

Os lucros apurados pela *holding* em sua contabilidade poderão ser distribuídos aos usufrutuários normalmente, como em qualquer empresa.

Lembrando que, até o momento, a distribuição e lucros e dividendos é isenta de imposto na pessoa física do recebedor.

Portanto, é de extrema importância manter uma contabilidade rigorosamente em dia e em ordem para que se possa usufruir desses lucros.

8.6 OBRIGAÇÕES ACESSÓRIAS

A *holding* é uma empresa como qualquer outra e, portanto, precisa apresentar informações ao Fisco por meio de obrigações acessórias determinadas na legislação fiscal. As principais são:

I – Contabilidade Completa;
II – Livros Contábeis e Fiscais: Entrada, Saída, Registro do Inventário e Termo de Ocorrência;[7]
III – Documentação arquivada, no tempo da legislação fiscal específica;
IV – Apresentar Escrita Contábil Digital (ECD), Escrita Contábil Fiscal (ECF), Declaração de Débitos e Créditos Tributários Federais etc., nos prazos previstos pela legislação;
V – Declaração de Informações sobre Atividades Imobiliárias (DIMOB);

8.7 EXEMPLO PRÁTICO DE TRIBUTAÇÃO

Vamos a um exemplo prático de tributação de aluguéis de venda na *holding*.

Retomando os dados de nosso exemplo do Capítulo 6, os bens apresentados no Quadro 8.11 foram aportados na *holding*.

Quadro 8.11 Relação patrimonial familiar

Imóvel	Valor no Imposto de Renda	Valor venal
Unidade Autônoma n. 10	129.349,00	500.000,00
Unidade Autônoma n. 8	54.997,41	500.000,00
4,13% de um terreno	250.000,00	1.000.000,00
50% de um terreno	1.300.000,00	2.600.000,00
Um prédio industrial	240.217,59	3.200.000,00
TOTAL	1.974.564,00	7.800.000,00

Nossa *holding* optou pelo regime do Lucro Presumido.

As unidades autônomas 8 e 10 estão alugadas pelo valor de R$ 5.000,00 e R$ 8.000,00, respectivamente. As demais estão desocupadas.

---

[7] Caso aplicáveis.

O prédio industrial foi vendido pela importância de R$ 5.000.000,00.

A classificação desses imóveis quando da constituição da *holding* estava disposta conforme Quadro 8.12.

Quadro 8.12 Exemplo de contabilização em estoques

ATIVO	
ATIVO CIRCULANTE	
ESTOQUES	
Unidade Autônoma n. 10	129.349,00
Unidade Autônoma n. 8	54.997,41
4,13% de um terreno	250.000,00
50% de um terreno	1.300.000,00
Um prédio industrial	240.217,59
[...]	

Vamos à apuração dos impostos considerando o primeiro trimestre de determinado ano. A venda ocorreu no mês de março.

Quadro 8.13 Receitas obtidas pela *holding*

Mês	Receita	PIS (0,65%)	Cofins (3%)
Janeiro	13.000,00	84,50	390,00
Fevereiro	13.000,00	84,50	390,00
Março	5.013.000,00	32.584,50	150.390,00

Os R$ 13.000,00 referem-se aos aluguéis, e os R$ 5.000.000,00 do mês de março, à venda do imóvel. O recolhimento do PIS e da Cofins deverá ser feito mensalmente.

Agora, vamos à apuração do Imposto de Renda e da Contribuição Social, cuja apuração é trimestral.

Para a Contribuição Social

O percentual utilizado como presunção na locação é de 32% e, depois, aplica-se a alíquota de 9%; já para a receita de venda o percentual de presunção é de 12% e, depois, aplica-se a alíquota de 9%.

Quadro 8.14 Receitas do 1º trimestre

1º trimestre	Receitas	Base de cálculo	CSLL 9%
Receitas de locação	39.000,00	12.480,00[8]	1.123,20
Receitas de vendas	5.000.000,00	600.000,00[9]	54.000,00
TOTAL CSLL			55.123,20

Para o Imposto de Renda

O percentual utilizado como presunção na locação é de 32% e, depois, aplica-se a alíquota de 15%; já para a receita de venda o percentual de presunção é de 8% e, depois, aplica-se a alíquota de 15%.

Quadro 8.15 Receitas do 1º trimestre

1º trimestre	Receitas	Base de cálculo	IRPJ 15%	Adicional 10%
Receitas de locação	39.000,00	12.480,00[10]	1.872,00	
Receitas de vendas	5.000.000,00	400.000,00[11]	60.000,00	
TOTAL IRPJ + ADICIONAL			61.872,00	35.248,00

O cálculo do Imposto de Renda Pessoa Jurídica fica um pouco diferente por causa do adicional do imposto que incide quando o lucro do trimestre, no caso do Lucro Presumido, exceder ao montante de R$ 60.000,00. Se isso ocorrer sobre o excedente, é calculado mais 10%.

No nosso exemplo, vejamos o que aconteceu: o Lucro Presumido de operações de aluguel é de 32%, e o de venda é de 8%. Aplicamos essas alíquotas ao faturamento (coluna "Receitas"), cujo resultado está na coluna "Base de cálculo". O total da base de cálculo é de R$ 412.480,00, ou seja, o lucro do trimestre considerado por essa regra da presunção.

---

[8] 32%.
[9] 12%.
[10] 32%.
[11] 8%.

Para o cálculo do adicional, utilizamos o valor do lucro (R$ 412.480,00) deduzindo o limite legal permitido no trimestre (R$ 60.000,00). Como resultado, temos uma base de cálculo para o adicional de 10% de R$ 352.480,00 (412.480 – 60.000).

Ao aplicarmos o percentual, chegamos a 35.248,00 (352.480 x 10%).

A valor a ser recolhido de Imposto de Renda é a soma da coluna "IRPJ" com a coluna "Adicional", totalizando R$ 97.120,00 (61.872 + 35.248).

Como resumo da apuração da empresa, teremos o apresentado no Quadro 8.16.

Quadro 8.16 Apuração dos impostos do trimestre

Apuração dos impostos (considerando o trimestre)	
PIS	32.753,50
Cofins	151.170,00
CSLL	55.123,20
IRPJ + adicional	97.120,00
TOTAL	336.166,70

Considerando o faturamento trimestral da *holding* de R$ 5.039.000,00, temos uma carga tributária efetiva no Lucro Presumido, para esse exemplo, de 6,6712% (336.166,70 / 5.039.000,00).

Realizando uma conta rápida: para locação o percentual é de 11,33% sobre o faturamento (PIS – 0,65%, Cofins – 3%, Imposto de Renda – 4,8% e CSLL – 2,88%); para vendas o percentual é de 5,93% sobre o faturamento, podendo ainda haver a incidência de adicional do Imposto de Renda (PIS – 0,65, Cofins – 3%, Imposto de Renda – 1,2% e CSLL – 1,08%).

REFERÊNCIAS

COMITÊ DE PRONUNCIAMENTOS CONTÁBEIS. *Pronunciamento Técnico CPC 00 (R2)*. Estrutura conceitual para relatório financeiro. Disponível em: https://s3.sa-east-1.amazonaws.com/static.cpc.aatb.com.br/Documentos/573_CPC00(R2).pdf. Acesso em: 19 fev. 2024.

COMITÊ DE PRONUNCIAMENTOS CONTÁBEIS. *Pronunciamento Técnico CPC 16 (R1)*. Estoques. Disponível em: https://s3.sa-east-1.amazonaws.com/static.cpc.aatb.com.br/Documentos/243_CPC_16_R1_rev%2013.pdf. Acesso em: 19 fev. 2024.

COMITÊ DE PRONUNCIAMENTOS CONTÁBEIS. *Pronunciamento Técnico CPC 27*. Ativo imobilizado. Disponível em: https://s3.sa-east-1.amazonaws.com/static.cpc.aatb.com.br/Documentos/316_CPC_27_rev%2022.pdf. Acesso em: 19 fev. 2024.

COMITÊ DE PRONUNCIAMENTOS CONTÁBEIS. *Pronunciamento Técnico CPC 28*. Propriedade para investimento. Disponível em: https://s3.sa-east-1.amazonaws.com/static.cpc.aatb.com.br/Documentos/320_CPC_28_rev%2014.pdf. Acesso em: 19 fev. 2024.

RECEITA FEDERAL DO BRASIL. *Solução de Consulta COSIT n. 7, de 04 de março de 2021*. Assunto: Imposto sobre a Renda de Pessoa Jurídica – IRPJ LUCRO PRESUMIDO. ATIVIDADE IMOBILIÁRIA. VENDA DE IMÓVEIS. IMOBILIZADO. INVESTIMENTO. RECEITA BRUTA. GANHO DE CAPITAL. Diário Oficial da União, 11 de março de 2021. Disponível em: http://normas.receita.fazenda.gov.br/sijut2consulta/link.action?idAto=115875. Acesso em: 19 fev. 2024.

Capítulo 9

ESTUDO E ORIENTAÇÃO PARA ELABORAÇÃO DA *HOLDING*

9.1 INTRODUÇÃO

O presente capítulo tem por objetivo transmitir nossa experiência com a elaboração de *holdings* ao longo dos últimos anos. Um dos pontos mais importantes e cruciais tanto para o sucesso da "venda" do produto *holding* quanto para o estabelecimento da relação de confiança entre você e seu futuro cliente é, sem dúvida, a reunião inicial.

Nessa reunião, você precisa ser bastante claro e efetivo com o cliente para que consiga sucesso na prospecção dele.

Ao longo dos anos fomos adaptando nossa abordagem inicial, buscando esse caminho.

Até alguns anos atrás a prospecção de clientes para oferecer os serviços de *holding* era extremamente difícil. Isso ocorria por duas principais razões: a primeira é que o termo *holding* era pouco difundido, e conhecido apenas por grandes corporações. A segunda é que o possível cliente não conseguia compreender o mecanismo da *holding* para fins de sucessão familiar; mesmo com uma excelente explicação sobre o tema e seus benefícios, ficava nítida essa falta de entendimento.

Outro fator que, por vezes, afeta a abordagem é a sensação da morte física. Esse ponto é muito sensível e requer de você toda a habilidade para falar em sucessão e ausência física futura sem expressar palavras que possam levar diretamente a essa sensação. Todo cuidado é pouco ao tratar com o cliente e com sua família sobre essa perspectiva.

Para resolver essas questões, decidimos mostrar ao possível cliente os benefícios com a *holding* familiar, de maneira bastante simples e clara. Para isso, abordamos quatro pontos fundamentais:

1. **Explicar, em poucas palavras, como a *holding* será organizada**: depois de feita uma apresentação mais formal, com *slides* etc., abrir a conversa com o interlocutor fazendo um resumo rápido do que foi explanado em vários *slides*. Esse resumo deve ser claro:
   a) abertura de empresa transferindo os bens para formar o capital social;
   b) doação da empresa para os filhos, ressaltando que o doador ficará com usufruto vitalício e administração plena da empresa e, consequentemente, dos bens aportados.
2. **Comentar os benefícios na gestão dos bens pela *holding*, em relação à doação dos bens em vida**: esse ponto é muito importante. Quando se doam os bens em vida para os filhos (e essa é uma tendência muito forte), além de o custo geralmente ser mais alto (se puder demonstrar isso, recomendamos que o faça), a depender do regime de casamento dos filhos, qualquer transação com os bens, ainda que o doador tenha o usufruto, dependerá de assinatura dos filhos e de seus cônjuges. Na *holding*, isolamos completamente isso, uma vez que a doação feita foi da empresa e não de bens individuais. Dessa maneira, estabelecemos cláusulas no Contrato Social tanto de incomunicabilidade com os cônjuges dos filhos quanto de administração livre dos doadores em relação aos atos da *holding*.
3. **Agilidade no processo de sucessão**: demonstrar ao possível cliente quanto tempo leva um processo de inventário e todos os seus desdobramentos. Um processo de elaboração de *holding* leva, em média, de quatro a seis meses (isso por conta de registro de imóveis, trâmite em prefeituras – caso solicitada a imunidade do Imposto de Transmissão de Bens Imóveis – ITBI etc.). É possível que esse prazo seja menor.

4. **O custo de uma *holding*:** esse é um dos pontos principias. O fator custo é determinante. No fundo, ninguém quer gastar dinheiro. Mas o(s) doador(es) sabe(m) que os filhos terão custo em um processo de sucessão natural, como o inventário. Contudo, por vezes, não se tem ideia desse custo. Então é muito importante que você solicite os dados dos imóveis para o cliente, elabore um estudo de custos da *holding* e faça um comparativo com os custos de inventário e, se possível, de doação em vida. Se o possível cliente estiver interessado em fazer a sucessão, mas está em dúvida de qual processo seguir, com certeza esse será o fator determinante.

Geralmente, são realizadas duas reuniões iniciais com o potencial cliente. Na primeira, abordando aspectos gerais (itens 1, 2 e 3 anteriores) e solicitando os dados necessários para elaboração do estudo de custos. Na segunda, repassando os principais pontos e apresentando o estudo.

Fica a critério cobrar honorários para realizar o estudo de custos. Contudo, quando se fala em custo para esse estudo, muitas vezes o interessado desiste ou diz que vai pensar e retorna – o que, por vezes, não ocorre. Se você pensar de maneira diferente, poderá ter sucesso em fechar negócio com esse potencial cliente. Oferecer o estudo gratuitamente faz com que exista a segunda reunião e você tenha a oportunidade de demonstrar os benefícios financeiros da elaboração da *holding*. Assim temos feito ao longo dos anos, com sucesso.

9.2 COMO ELABORAR O ESTUDO DE CUSTOS PARA O CLIENTE

Para elaborar o estudo de custos para o cliente, você precisará dos dados dos imóveis.

No Quadro 9.1, segue exemplo de uma planilha simples que o cliente preenche e lhe envia para que você possa trabalhar.

Quadro 9.1 Modelo de planilha para preenchimento dos bens

		Itens para Integralização de Capital na *Holding*				
Item	Matrícula – RI	Inscrição municipal	Descrição	Município	Valor IR	Valor venal/ITR
1	9.929	100.000	casa situada na Rua XXXX – n.	XXXXXXX	100.000,00	40.000,00
2	xxxxxx	xxxxx				
3	xxxxxx	xxxxx				
4	xxxxxx	xxxxx				
			TOTAL		100.000,00	40.000,00

Ao receber a planilha, você deverá calcular os custos com registro de imóveis, confecção de escrituras – apenas para fins comparativos –, impostos etc.

Vejamos um exemplo prático comparativo de cálculos entre *holding* e inventário.

Exemplo 1 – Sem diferença entre valor venal e valor do Imposto de Renda dos bens.

Valor do patrimônio – R$ 3.000.000,00

a. Inventário

Quadro 9.2 Cálculos do inventário

Tributos/Custos	Incidência	Valor (R$)
ITCMD – SP	4%	120.000,00
Custas judiciárias	1.000 UFESP	34.260,00
Registros/escrituras	Aproximado	50.000,00
Honorários advocatícios	6%	180.000,00
TOTAL		**384.260,00**

Observações:

- consideramos o estado de São Paulo para cálculo;
- UFESP com valor de referência do ano de 2023;
- para honorários advocatícios consideramos o valor de referência da tabela da OAB-SP.[1]

b. *Holding*

Quadro 9.3 Cálculos da *holding*

Tributos/Custos	Incidência	Valor (R$)
ITCMD – SP	4%	120.000,00
Custas judiciárias		0
Registros/escrituras	Aproximado	25.000,00

(continua)

---

[1] Ano de referência: 2023.

(continuação)

ITBI	0
TOTAL	**145.000,00**

Observações:

- colocamos o valor total do Imposto de Transmissão *Causa Mortis* e Doação (ITCMD) para fins de comparação com o inventário, mas será recolhido apenas 2/3 do valor (*vide* Capítulo 5, *Imposto de Transmissão Causa Mortis e Doação*);
- para a *holding* não precisamos de escrituras feitas no tabelionato, porque utilizaremos o próprio Contrato Social para registro;
- poderá haver ITBI a depender da escolha de opção por imunidade ou não e sobre cobrança parcial baseada em decisão do Supremo Tribunal Federal – STF (*vide* Capítulo 3, *Imposto de Transmissão de Bens Imóveis*);
- não colocamos os honorários profissionais para elaboração da *holding*, pois estes variam em razão da complexidade e do volume do patrimônio familiar.

c. Resumo comparativo

Quadro 9.4 Resumo comparativo inventário × *holding*

Inventário	384.260,00
Holding	145.000,00
Economia	**239.260,00**

Exemplo 2 – Com diferença entre valor venal e valor do Imposto de Renda dos bens.

Vejamos, na Tabela 9.1, um exemplo em que há diferença entre o valor venal dos bens e o valor do Imposto de Renda.

Tabela 9.1 Dados dos imóveis com diferença entre valor venal e valor do Imposto de Renda

	Matrícula	Inscrição Municipal	Descrição	Município	Valor Ir	Valor Venal	Registro	Escritura
1	15.152	1005632	Apartamento 61 – Edific. XX	São Paulo	250.000	1.000.000	3.540,39	5.465,41

(continua)

(continuação)

2	33.846	6003312	Casa residencial 34 – XXXX	Santos	350.000	1.400.000	4.589,56	6.696,90
3	96.550	300445	Casa residencial 45 – XXXXX	Campinas	336.000	1.500.000	4.679,35	6.696,90
			TOTAL		936.000	3.900.000	12.809,30	18.859,21

Podemos notar que o valor venal é bem superior ao valor do Imposto de Renda. Quando isso ocorre, geralmente a vantagem da *holding* é muito grande.

Para o cálculo das escrituras, deve-se acessar o *site* https://cnbsp.org.br/tabelas-de-custas-e-emolumentos/. Já para o cálculo do registro, o *site* é https://www.registrodeimoveis.org.br/calculadora.

Vejamos as simulações de cálculos.

Valor venal – R$ 3.900.000,00
Valor IRPF – R$ 936.000,00

a. Inventário

Quadro 9.5 Cálculo do inventário

Tributos/Custos	Incidência	Valor (R$)
ITCMD – SP	4%	156.000,00
Custas judiciárias	1.000 UFESP	34.260,00
Registros/escrituras	*Vide* tabela	31.668,51
Honorários advocatícios	6%	234.000,00
TOTAL		455.928,51

Observações:

- consideramos o estado de São Paulo para cálculo;
- UFESP com valor de referência do ano de 2023;
- para honorários advocatícios consideramos o valor de referência da tabela da OAB-SP;
- a base de cálculo para todos os itens é o valor venal dos imóveis.

b. *Holding*

Quadro 9.6 Cálculo da *holding*

Tributos/Custos	Incidência	Valor (R$)
ITCMD – SP	4%	34.440,00
Custas judiciárias		0
Registros	*Vide* tabela	12.809,30
ITBI		0
Honorários advocatícios		0
Taxas e custas		2.000,00
TOTAL		**49.249,30**

Observações:

- colocamos o valor total do ITCMD para fins de comparação com o inventário, mas será recolhido apenas 2/3 do valor (*vide* Capítulo 5, *Imposto de Transmissão* Causa Mortis *e Doação*);
- para a *holding* não precisamos de escrituras feitas no tabelionato, porque utilizaremos o próprio Contrato Social para registro;
- poderá haver ITBI a depender da escolha de opção por imunidade ou não e sobre cobrança parcial baseada em decisão do STF (*vide* Capítulo 3, *Imposto de Transmissão de Bens Imóveis*);
- não colocamos os honorários profissionais para elaboração da *holding*, pois estes variam em razão da complexidade e do volume do patrimônio familiar;
- a base de cálculo para o ITCMD é o valor das cotas, ou seja, o valor dos bens no Imposto de Renda;
- custas de registro de imóveis são sempre calculadas pelo valor venal dos imóveis ou pelo valor aportado na *holding*, caso seja maior que o venal.

c. Resumo comparativo

Quadro 9.7 Resumo comparativo *holding* × inventário

Inventário	455.928,51
Holding	49.249,30
Economia	406.679,21

Embora tenhamos feito o estudo com valores totais comparativos, como é o caso do ITCMD, por exemplo, o desembolso financeiro não será esse. Vejamos o desembolso efetivo no exemplo apresentado no Quadro 9.8.

Quadro 9.8 Cálculo de desembolso efetivo

Tributos/Custos	Incidência	Valor (R$)
ITCMD – SP	4% – 2/3	24.960,00
Registros	*Vide* tabela	12.809,30
Taxas e custas		2.000,00
SUBTOTAL		**39.769,30**
Honorários profissionais	Exemplo	**50.000,00**
TOTAL FINAL	Hipotético	**89.769,30**

Colocamos honorários hipotéticos para o exemplo. Veja que a economia é bastante relevante.

Lembramos que estamos utilizando exemplos hipotéticos, cada caso deve ser analisado com muita atenção. Existem casos em que a *holding* não compensa sob o aspecto financeiro, mas talvez compense em economia de tributação sobre aluguéis (*vide* Capítulo 8, *Aspectos Contábeis e Tributação da* Holding), em relação ao tempo da sucessão em comparação ao inventário ou em relação à gestão dos bens, como já mencionado.

9.3 PONTOS DE ATENÇÃO

Alguns pontos de atenção ao nos reunirmos com os possíveis clientes e até mesmo quando fecharmos contrato de prestação de serviços:

a. Explicar detalhadamente as questões sucessórias. Em caso de situações especiais, divórcio, outros casamentos, filhos de casamentos diferentes, entre outras, recomendamos que você se assessore com um bom advogado (caso não tenha os conhecimentos sobre sucessão).

b. Explicar com muita clareza as questões relacionadas ao ITBI, os pontos positivos e negativos em solicitar a imunidade tributária (*vide* Capítulo 3, *Imposto de Transmissão de Bens Imóveis*). Em muitos casos é melhor pagar o imposto e ficar livre para transacionar imóveis etc.

c. Fazer um relatório explicando os pontos principais da *holding*, com apresentação detalhada dos cálculos. Levar impresso e assinado.

d. Orientar o cliente sobre o recolhimento do ITCMD: 2/3 do imposto nesse momento e os herdeiros deverão recolher o terço final quando terminar o usufruto.
e. Questionar o cliente sobre os bens que serão aportados na *holding*. Por exemplo, se há intenção de venda de algum imóvel, talvez não compense colocá-lo na *holding*, porque esse imóvel traz benefícios fiscais de redução de imposto ao longo do tempo na pessoa física; é preciso fazer o cálculo do ganho de capital e comparar com o cálculo de venda pela *holding*. Além disso, não esquecer que, ao incorporar o imóvel na *holding*, o cliente pagará custas de transferência e imposto de doação.
f. Elaborar contrato de prestação de serviços profissionais, detalhando todo o processo que será realizado e inserindo cláusulas em relação às considerações anteriores e outras com as responsabilidades do trabalho a ser realizado.

São essas algumas dicas importantes baseadas em nossa experiência ao longo do tempo com a elaboração de *holdings*.

Vamos relembrar os principais objetivos de elaborar uma *holding*:

- organizar o patrimônio familiar;
- perpetuar o patrimônio da família;
- reduzir a burocracia e a tributação na sucessão;
- estipular regras de conduta pessoal e de condução dos negócios antes e depois da sucessão.

A seguir, vamos apresentar uma sugestão de cronograma para a elaboração da *holding*.

9.4 SUGESTÃO DE CRONOGRAMA PARA ELABORAÇÃO DA *HOLDING*

Apresentamos, no Quadro 9.9, uma sugestão de sequência processual para elaboração de uma *holding* familiar.

Quadro 9.9 Sugestão de cronograma para elaboração da *holding*

Etapas
ETAPA 1: reunião com o proponente da *holding*, com levantamento de toda a situação patrimonial

(continua)

(continuação)

ETAPA 2: elaboração do estudo sobre a constituição da *holding*
ETAPA 3: elaboração da minuta de constituição da *holding* de forma normal, sem regras de sucessão
ETAPA 4: registro da minuta nos órgãos competentes
ETAPA 5: solicitação de imunidade tributária às prefeituras (caso se aplique)
ETAPA 6: registro em cartório dos imóveis em nome da *holding*
ETAPA 7: preparação da minuta final da *holding*, com cláusulas de sucessão (realizando quantas reuniões forem necessárias com a família para consolidação das regras de sucessão)
ETAPA 8: elaboração da declaração de itcmd da doação das cotas, recolhimento do imposto
ETAPA 9: finalização da minuta final da *holding*, com inserção das informações de recolhimento do itcmd
ETAPA 10: registro da minuta final
ETAPA 11: reunião final – entrega da documentação ao contratante

REFERÊNCIAS

COLÉGIO NOTARIAL DO BRASIL. *Tabelas de Custas e Emolumentos Padrão*. Disponível em: https://cnbsp.org.br/tabelas-de-custas-e-emolumentos/. Acesso em: 19 fev. 2024.

OAB SÃO PAULO. *Tabela de Honorários Advocatícios 2024*. Disponível em: https://www.oabsp.org.br/servicos/tabelas/tabela-de-honorarios/. Acesso em: 19 fev. 2024.

REGISTRADORES. Disponível em: https://registradores.onr.org.br/. Acesso em: 19 fev. 2024.

REGISTRO DE IMÓVEIS DO BRASIL. Disponível em: https://www.registrodeimoveis.org.br/. Acesso em: 19 fev. 2024.

SÃO PAULO. *Lei n. 10.705, de 28 de dezembro de 2000*. Dispõe sobre a instituição do Imposto sobre Transmissão "*Causa Mortis*" e Doação de Quaisquer Bens ou Direitos – ITCMD. Disponível em: https://legislacao.fazenda.sp.gov.br/Paginas/lei10705.aspx. Acesso em: 19 fev. 2024.

Capítulo 10

EXEMPLO PRÁTICO COMPLETO DE ELABORAÇÃO DE UMA *HOLDING*

10.1 INTRODUÇÃO

Depois de apresentarmos todos os aspectos relacionados a um planejamento sucessório por meio de elaboração de uma *holding*, chegou a hora de colocarmos em prática e de maneira sequencial e completa aquilo que vimos ao longo deste livro.

Neste capítulo, desenvolveremos um caso completo de elaboração de uma *holding* familiar.

10.2 DADOS PARA O DESENVOLVIMENTO PRÁTICO

Imagine que você foi procurado por um casal. Eles são casados no regime de comunhão universal de bens e têm dois filhos e uma filha.

Os filhos são casados em regime de comunhão parcial de bens.

Os dois filhos têm filhos, e a filha não tem.

O casal tem dez imóveis situados na mesma cidade, no estado de São Paulo.

Ao terminar a reunião, você solicitou que o casal preenchesse uma planilha simples, com a relação dos bens para que você pudesse elaborar o estudo de custos para eles.

Quadro 10.1 Planilha para preenchimento dos bens da família

Item	Matrícula – RI	Inscrição municipal	Descrição	Município	Valor IR	Valor venal/ITR
1	9.929	100.000	casa situada na Rua XXXX – n.	XXXXXXX	100.000,00	40.000,00
2	xxxxxx	xxxxx				
3	xxxxxx	xxxxx				
4	xxxxxx	xxxxx				
			TOTAL		100.000,00	40.000,00

Você informou ainda que não haverá custo para a elaboração do estudo.

Passados alguns dias, o casal retornou com a planilha de bens preenchida conforme Quadro 10.2.

Quadro 10.2 Planilha preenchida com os bens da família

Item	Matrícula – RI	Inscrição Municipal	Descrição	Município	Valor IR	Valor venal/ITR
1	24XXX	10xxxxx	Prédio residencial 45 – XXXXXXXXX	xxxxxxx	910.821,33	R$ 1.358.925,20
2	28XXX	12xxxxx	Unidade Autônoma n. 33 XXXXXXXXX	xxxxxxx	82.756,00	R$ 260.546,69
3	28XXX	15xxxx	Apto. 84 Edifício XXXXXXXX	xxxxxxx	55.000,00	R$ 260.546,69
4	28XXX	15xxxxxxxxxxx	Casa residencial Rua XXXXXXXXXXXXXX	xxxxxxx	25.000,00	R$ 233.102,87
5	1XXX	10xxxxxxxxxx	Um terreno sito na Rua XXXXXXXXXXXXXX	xxxxxxx	30.000,00	R$ 790.160,94
6	35XXX	10xxxxxxxxxxx	Terreno com área de 4.000 m² XXXXXXXXXXXXXX	xxxxxxx	1.000.000,00	R$ 1.810.882,75
7	35XXX	11xxxxxxxxxx	Apartamento Rua XXXXXXXXXXXXXX	xxxxxxx	91.979,74	R$ 78.554,31
8	31XXX	10xxxxxxxxxxx	Casa n. 52 XXXXXXXXXXXXXX	xxxxxxx	430.000,00	R$ 337.219,11

(continua)

(continuação)

9	42XXX	10xxxxxxxxxx	Terreno 1 Rua XXXXXXXXXXXXX	xxxxxxx	200.000,00	R$ 91.719,04
10	42XXX	10xxxxxxxxxx	Terreno 2 Rua XXXXXXXXXXXXX	xxxxxxx	200.000,00	R$ 73.284,93
					3.025.557,07	5.294.942,53

Ao receber a planilha, você pôde observar os seguintes pontos:

a. A soma dos valores venais é maior que a soma dos valores de Imposto de Renda. Isso é positivo para questão e custos.

b. Analisando individualmente, em alguns imóveis (itens 7 a 10) o valor do Imposto de Renda é maior do que o valor venal. Nesse caso, você pode estrategicamente adotar esse valor, uma vez que é menor que o Imposto de Renda (se fosse maior haveria ganhos de capital); contudo, optou por manter todos os valores da mesma fonte, o Imposto de Renda.

Agora, basta colocar "as mãos na massa" e preparar o estudo.

A primeira tarefa a ser feita é o cálculo para registro de imóveis, no *site* https://www.registrodeimoveis.org.br/calculadora.

Depois, deve-se realizar o cálculo para confecção de escrituras (apenas para efeito comparativo), no *site* https://cnbsp.org.br/tabelas-de-custas-e-emolumentos/.

Concluídos os cálculos, temos a atualização apresentada no Quadro 10.3.

Quadro 10.3 Cálculos de valor de registro e escritura

Item	Matrícula – RI	Inscrição Municipal	Descrição	Município	Valor IR	Valor venal/ITR	Registro	Escritura
1	24XXX	10xxxxx	Prédio residencial 45 – XXXXXXXXX	xxxxxxx	910.821,33	R$ 1.358.925,20	4.137,63	5.954,23
2	28XXX	12xxxxx	Unidade Autônoma n. 33 XXXXXXXXX	xxxxxxx	82.756,00	R$ 260.546,69	2.571,32	3.720,99
3	28XXX	15xxxx	Apto. 84 Edifício XXXXXXXX	xxxxxxx	55.000,00	R$ 260.546,69	2.571,32	3.720,99
4	28XXX	15xxxxxxxxxx	Casa residencial Rua XXXXXXXXXXXXXX	xxxxxxx	25.000,00	R$ 233.102,87	2.381,92	3.399,28
5	1XXX	10xxxxxxxxx	Um terreno sito na Rua XXXXXXXXXXXXX	xxxxxxx	30.000,00	R$ 790.160,94	3.603,18	5.369,41
6	35XXX	10xxxxxxxxxx	Terreno com área de 4.000 m² XXXXXXXXXXXXXX	xxxxxxx	1.000.000,00	R$ 1.810.882,75	4.948,44	6.579,27
7	35XXX	11xxxxxxxxxx	Apartamento Rua XXXXXXXXXXXXXX	xxxxxxx	91.979,74	R$ 78.554,31	1.437,96	2.017,63
8	31XXX	10xxxxxxxxxx	Casa n. 52 XXXXXXXXXXXXXX	xxxxxxx	430.000,00	R$ 337.219,11	3.086,88	4.356,95
9	42XXX	10xxxxxxxxx	Terreno 1 Rua XXXXXXXXXXXXX	xxxxxxx	200.000,00	R$ 91.719,04	2.193,56	3.030,11
10	42XXX	10xxxxxxxxx	Terreno 2 Rua XXXXXXXXXXXXX	xxxxxxx	200.000,00	R$ 73.284,93	2.193,56	3.030,11
					3.025.557,07	5.294.942,53	29.125,77	41.178,97

Lembrando que, para o cálculo tanto do registro quanto da escritura, deve-se utilizar o maior valor entre o venal e o do Imposto de Renda (ainda que este tenha sido o utilizado para aporte na *holding*).

O próximo passo é calcular os demais custos e efetuar os custos do inventário para efeito comparativo.

Vamos às simulações de cálculos:

Valor venal – R$ 5.294.942,53
Valor IRPF – R$ 3.025.557,07

a. Inventário

Quadro 10.4 Cálculo do inventário

Tributos/Custos	Incidência	Valor (R$)
ITCMD – SP	4%	211.797,70
Custas judiciárias	1.000 UFESP	34.260,00
Registros/escrituras	Aproximado	70.304,74
Honorários advocatícios	6%	317.696,55
TOTAL		**634.058,99**

Observações:

- UFESP com valor de referência do ano de 2023;
- para honorários advocatícios consideramos o valor de referência da tabela da OAB-SP;
- a base de cálculo para todos os itens é o valor venal dos imóveis.

b. *Holding*, sem considerar o Tema 796 do Supremo Tribunal Federal (STF)[1]

Quadro 10.5 Cálculo da *holding*

Tributos/Custos	Incidência	Valor (R$)
ITCMD – SP	4% – 2/3	80.681,52
Registros	*Vide* tabela	29.125,77

(continua)

---

[1] Em caso de dúvida, consulte o Capítulo 3, *Imposto de Transmissão de Bens Imóveis*, sobre o ITBI.

(continuação)

Taxas e custas		2.000,00
SUBTOTAL		**111.807,29**
Honorários profissionais	Exemplo	60.000,00
TOTAL FINAL	Hipotético	171.807,29

Observação:

- poderá haver Imposto de Transmissão de Bens Imóveis (ITBI) a depender da escolha de opção por imunidade ou não e sobre cobrança parcial baseado em decisão do Tema 796 do STF (*vide* Capítulo 3, *Imposto de Transmissão de Bens Imóveis*).

Sobre o Tema STF, que decidiu sobre cobrança parcial do ITBI, nem todas as prefeituras aplicam. Além disso, as alíquotas de ITBI variam de município para município, por isso não fizemos um segundo cálculo incluindo o ITBI. Contudo, se adotarmos uma alíquota de 3% para o estudo anterior, e caso essa prefeitura aplique o Tema 796, haveria um acréscimo de R$ 88.553,70 de ITBI, mesmo assim o custo da *holding* ficaria muito inferior ao inventário.

Você realiza uma segunda reunião com os clientes para apresentar o estudo, acertar detalhes e esclarecer dúvidas. Os clientes aprovam o orçamento e vocês celebram um contrato de prestação de serviços.

Agora, basta iniciar as etapas da *holding*.

10.3 A ELABORAÇÃO DA *HOLDING*

Você solicitou toda a documentação necessária para os clientes, como comprovantes de endereço, CPF, RG, qualificação completa, nome da empresa, endereço da sede (geralmente é a residência do fundador) etc.

As matrículas atualizadas dos imóveis, para transcrição no Contrato Social, você pode solicitar aos clientes ou baixar pela internet, no *site* https://registradores.onr.org.br/.

De posse de toda a documentação, você precisa confeccionar a minuta inicial da *holding*.

Lembrando que todos os passos que estamos realizando aqui estão detalhados ao longo dos capítulos deste livro. Em caso de dúvida, releia o capítulo correspondente.

Minuta inicial

CONTRATO DE CONSTITUIÇÃO DA SOCIEDADE EMPRESÁRIA LIMITADA

FELICIDADE PARTICIPAÇÕES E ADMINISTRAÇÃO DE BENS PRÓPRIOS LTDA.

Pelo presente instrumento particular, as partes adiante qualificadas:

PAI, brasileiro, profissão, casado no regime de comunhão universal de bens, nascido em xx de fevereiro de mil novecentos e xxxxxxxxxx, na cidade de xxxxxxxx, estado de São Paulo, portador da cédula de identidade RG n. xxxxxxxx, expedida pela SSP-SP, e CPF n. xxxxxxxxxxx, residente e domiciliado na Rua xxxxxxxxxx, xxx – Centro – xxxxxx – SP, CEP: xxxxxxxxxx.

FILHO 1, brasileiro, profissão, casado no regime de comunhão parcial de bens, nascido em xx de xxxxxx de mil novecentos e xxxxxxxxxx, na cidade de xxxxxxxx, estado de São Paulo, portador da cédula de identidade RG n. xxxxxxxx, expedida pela SSP-SP, e CPF n. xxxxxxxxxxx, residente e domiciliado na Rua xxxxxxxxxx, xxx – Centro – xxxxxx – SP, CEP: xxxxxxxxxx.

FILHO 2, brasileiro, profissão, casado no regime de comunhão parcial de bens, nascido em xx de xxxxxx de mil novecentos e xxxxxxxxxx, na cidade de xxxxxxxx, estado de São Paulo, portador da cédula de identidade RG n. xxxxxxxx, expedida pela SSP-SP, e CPF n. xxxxxxxxxxx, residente e domiciliado na Rua xxxxxxxxxx, xxx – Centro – xxxxxx – SP, CEP: xxxxxxxxxx.

FILHA 1, brasileira, profissão, casada no regime de comunhão parcial de bens, nascida em xx de xxxxxx de mil novecentos e xxxxxxxxxx, na cidade de xxxxxxxx, estado de São Paulo, portadora da cédula de identidade RG n. xxxxxxxx, expedida pela SSP-SP, e CPF n. xxxxxxxxxxx, residente e domiciliado na Rua xxxxxxxxxx, xxx – Centro – xxxxxx – SP, CEP: xxxxxxxxxx.

Cônjuge anuente:
MÃE, brasileira, empresária, casada no regime de comunhão universal de bens, nascida em xx de xxxxxx de mil novecentos e xxxxxxxxxx, na cidade de xxxxxx, estado de São Paulo, portadora da cédula de identidade RG n. xxxxxxxxxxx, expedida pela SSP-SP, e CPF n. xxxxxxxxxxxxxxx, residente e domiciliada na Rua xxxxxxxxxx, xxx – Centro – XXXX – SP, CEP: xxxxxxx.
Têm entre si, justo e contratado, a constituição de uma sociedade empresária, sob o tipo jurídico de sociedade limitada, nos termos da lei vigente, que se regerá pelas cláusulas e condições seguintes, e, nas omissões, pela legislação específica que disciplina essa forma societária e rege de acordo com a Lei n. 10.406/2002 (Código Civil).

CAPÍTULO I
DA DENOMINAÇÃO, OBJETO E SEDE

Artigo 1º – A sociedade girará sob a denominação de **FELICIDADE PARTICIPAÇÕES E ADMINISTRAÇÃO DE BENS PRÓPRIOS LTDA.**

Artigo 2º – O objeto da sociedade será:

a) gestão de participações societárias em outras empresas, *holding* **não instituição financeira**;
b) a administração de bens imóveis próprios, aluguéis de bens imóveis próprios residenciais e não residenciais, loteamento de imóveis próprios; e
c) compra e venda de bens imóveis próprios.

PARÁGRAFO ÚNICO

A sociedade poderá explorar outros ramos que tenham afinidade com o objeto expresso na cláusula segunda.

Artigo 3º – A sociedade tem sua sede na cidade de XXXX, estado de São Paulo, na Rua XXXXXXXXXX, XXX – Centro – XXXXX – SP, CEP: XXXXXX, podendo os sócios abrir, manter e fechar filiais ou sucursais em qualquer ponto do território nacional, e ainda constituir, adquirir ou participar de outras sociedades, observadas as disposições legais deste instrumento.

CAPÍTULO II
DO CAPITAL SOCIAL

Artigo 4º – O capital social é de R$ 3.026.000,00 (três milhões e vinte e seis mil reais), subscrito e integralizado, sendo R$ 442,93 (quatrocentos e quarenta e dois reais e noventa e três centavos) em moeda corrente do país e R$ 3.025.557,07 (três milhões, vinte e cinco mil, quinhentos e cinquenta e sete reais e sete centavos), formado pelos bens imóveis do sócio, **PAI, e de sua esposa, MÃE**, dividido em 3.026.000 (três milhões e vinte e seis mil) cotas no valor nominal de R$ 1,00 (um real) cada uma e distribuído da seguinte maneira:

Sócios	Cotas	Valor (R$)
PAI	3.025.997	3.025.997,00
FILHO 1	1	1,00
FILHO 2	1	1,00
FILHA 1	1	1,00
TOTAL	3.026.000	3.026.000,00

Os bens imóveis transferidos pelo sócio **PAI e por sua esposa, MÃE**, são os seguintes:
1) TERRENO à RUA XXXXXX, nesta cidade, com as seguintes medidas e confrontações: 21,50 metros de frente para a Rua XXX; 32,00 metros do lado que confronta com a casa n. 6 de propriedade de XXXXXX; 18,50 metros com a Rua XXXXXXXXXXX; e 32,00 metros do lado que confronta com propriedade do espólio de XXXXXXXXXX. Cf. Av. 2/24.XXX foi edificado, anterior a 19XX, **UM PRÉDIO RESIDENCIAL,** com 132,00 m², o qual recebeu o n. XX, da Rua XXXXXXXXXXXXX. Cf. Av. 13/24.XXX em XX de janeiro de 20XX, nos termos do inciso II, art. 213 da Lei n. 6.015/1973, alterada pela Lei n. 10.931/2004, por requerimento do proprietário subscrito neta cidade, aos XX/09/20XX, instruído com memorial descritivo e planta subscrita pelo titular do imóvel, pelos titulares dos imóveis confinantes, pela Prefeitura XXXXXXXXXXXXXXXXXXXX, que o terreno objeto desta possui a superfície de 674,16 metros e tem as seguintes medidas e confrontações: inicia-se no marco M1, fazendo frente para a Rua XXXXX, medindo 20,767 metros com azimute 217º07'23", até atingir o marco M2; deflete à direita na distância de 32,275 metros, com azimute 125º34'34", até atingir o marco M3, confrontando com XXXXXXXXXX, sucessor de XXXXXXXXXXXXXXXX (matrícula n. XXXXX); deflete à direita na distância de 3,264 metros, com azimute de 32º56'12", até atingir o marco M4; pequena deflexão à direita na distância de 0,84 metros, com azimute de 40º06'20", até atingir o marco M5; pequena deflexão à direita na distância de 6,595 metros, com azimute de 34º38'28", até atingir o marco M6; pequena deflexão à direita na distância de 2,536 metros, com azimute de 34º57'17", até atingir o marco M7; pequena deflexão à direita na distância de 8,349 metros, com azimute de 35º05'31", até atingir o marco M8, confrontando com a Rua XXXXXXXXX; deflete à direita na distância de 2,513 metros, com azimute de 121º06'43", até atingir o marco M9; pequena deflexão à esquerda na distância de 6,266 metros, com azimute de 123º09'38", até o marco M10; pequena deflexão à esquerda na distância de 5,434 metros, com azimute de 125º39'56", até atingir o marco M11; pequena deflexão à direita na distância de 7,167 metros, com azimute de 124º22'30", até atingir o marco M12; pequena deflexão à esquerda na distância de 9,621 metros, com azimute de 124º28'09", até atingir o marco M13; pequena deflexão à esquerda na distância de 0,427 metros, com azimute de 132º21'14", até atingir o marco M1, confrontando com XXXXXXXXXXXXX, sucessor do espólio de XXXXXXXXXXXX, início desta descrição, fechando assim o perímetro. Conforme matrícula n. 24.XXXX, do Registro de Imóveis XXXXXXX – SP. **VALOR: R$ 910.821,33.**
2) UNIDADE AUTÔNOMA N. 33, modelo TIPO, localizada no Xº pavimento, ou Xº andar, do empreendimento denominado **"CONDOMÍNIO XXXXXXXXXXXXXXXX"**, situado na Avenida XXXXXXX, n. XXX, e Rua XXXXXXX, n. XXX, nesta Cidade e Comarca de XXXXXXX SP, contendo: sala, sala de TV, lavabo, cozinha, lavanderia, banheiro de serviço, varanda, quatro dormitórios, dois banheiros e duas vagas determinadas pelo número da unidade na garagem comum do empreendimento, com área privativa de 149,00 m², área comum de 120,6730 m², área de garagem

de 26,00 m² e área total de 295,6730 m², correspondendo-lhe uma fração ideal de 1,9380% no terreno e demais coisas comuns do empreendimento. Conforme matrícula n. 28.XXXX, do Registro de Imóveis de XXXXXXXX – SP. **VALOR: R$ 82.756,00.**

3) APARTAMENTO N. 84, modelo TIPO, localizado no XXº pavimento, ou Xº andar, do empreendimento denominado "XXXXXXXXXXXXX", situado na XXXXXXXXX, n. XXXXX e Rua XXXXXXXXXXX, n. XXXXXX, nesta Cidade e Comarca de XXXXXXXXXX-SP, contendo: sala, sala de TV, lavabo, cozinha, lavanderia, banheiro de serviço, varanda, quatro dormitórios, dois banheiros e duas vagas determinadas pelo número da unidade na garagem comum do empreendimento, com área privativa de 149,00 m², área comum de 120,6730 m², área de garagem de 26,00 m² e área total de 295,6730 m², correspondendo-lhe uma fração ideal de 1,9380% no terreno e demais coisas comuns do empreendimento. Conforme matrícula n. 28.XXXX, do Registro de Imóveis de XXXXXXXXX – SP. **VALOR: R$ 55.000,00.**

4) CASA RESIDENCIAL, da Rua XXXXXXX, com 147,04 m², constituído de residência com 96,79 m², edícula com 34,00 m² e garagem com 16,25 m², e respectivo terreno, identificado com o lote n. 01 da XXXXXXXXXXXX, nesta Cidade e Comarca de XXXXXXXX – SP, medindo 338,00 m², ou sejam: 10,00 metros de frente para a Rua XXXXXXXXXXXXX; 33,80 metros do lado que divide com XXXXXXXXXX; 33,80 metros do outro lado, divisando com XXXXXXXXXXXXX; e 10,00 metros no fundo, confrontando-se com XXXXXXXXXXXXXXX. Conforme matrícula n. 28.XXX, do Registro de Imóveis de XXXXXXXX – SP. **VALOR: R$ 25.000,00.**

5) UM TERRENO, situado nesta cidade, medindo 11,90 metros de frente por 48,20 metros da frente aos fundos, em que mede 9,50 metros e confronta-se na frente com a Rua XXXXXXXXXX; nos fundos, com a Rua XXXXXXXXXX; de um lado com a Rua XXXXXXXXXX e, por outro lado, com XXXXXXXXXX, contendo como benfeitorias uma casa com frente para a Rua XXXXXXXXXXX, n. XXX, esquina da Rua XXXXXXXXXXX, de tijolos e telhas, com 8 cômodos e corredor, com 3 portas e 2 janelas de frente; uma casa de morada, com frente para a Rua XXXXXXXXX, esquina da Rua XXXXXXXXXXXX, de tijolos e telhas, com 5 cômodos, corredor e um barracão, servindo de garagem ao lado, com duas portas, sendo uma de aço e 3 janelas de frente; e dois barracões, construídos entre as duas casas suprarreferidas, de tijolos e telhas, medindo um deles 4,50 x 15,40 e o outro 3,50 x 7,00 metros, forrados e ladrilhados. Conforme matrícula n. 1XXXXX, do Registro de Imóveis de XXXXXXX – SP. **VALOR: R$ 30.000,00.**

6) UM TERRENO, com área de 40.000,00 m², situado no Bairro do XXXXXXXXXXXX, desta Cidade e Comarca de XXXXXXXXXX – SP, identificado com XXXXXXXXX, parte do imóvel denominado "XXXXXXXXXXX", assim descrito e caracterizado: inicia no ponto 0X, localizado no km XXXXX metros da Rodovia XXXXXXXXXX, com azimute de 273º45'15" e 25,17 metros até o ponto 02; daí, deflete à direita e segue na confluência XXXXXXXXXXXX, por uma curva de raio de 6 metros e comprimento de 7,35 metros, azimute de 308º51'33" e distância de 6,90 metros até o ponto 03; daí, segue confrontando com a XXXXXXXXXXXXXXX, com azimute

343º57'41" e 104,61 metros até o ponto 3-A; daí, deflete à direita e segue com o azimute 93º23'21" XXXXXXXXXXX, início da descrição, encerrando a área, contendo como benfeitorias uma casa com área de frente e abrigo, barracão e despejo, totalizando 211,16 m² de área construída. Conforme matrícula n. 35.XXX, do Registro de Imóveis de XXXXXXXXXXXX – SP. **VALOR: R$ 1.000.000,00.**

7) APARTAMENTO no pavimento inferior do **BLOCO X** do "XXXXXXXXXXXXX", sito na Rua XXXXXXXX, XXXXXXXXXXXXXXXXX, nesta Cidade e Comarca XXXXXXXXX, contendo dois dormitórios, banheiro, sala com varanda, cozinha, área de serviço e uma vaga de garagem acessória, localizada na área de estacionamento no pavimento térreo do empreendimento, com área privativa de 56,51 m², área comum de 21,44993 m², vaga de estacionamento acessória descoberta n. 16 de 9,40 m², área total de 87,3599 m² e fração ideal do terreno e demais coisas comuns de 3,571%. Conforme matrícula n. 35.XXX, do Registro de Imóveis de XXXXXXXXXX – SP. **VALOR: R$ 91.979,74.**

8) CASA N. 52, do loteamento denominado "XXXXXXXXXX", situado no Bairro do XXXXXX, perímetro urbano, deste Município e Comarca de XXXXXXXXXXXX – SP, com área de 261,79 m², assim descrito: mede 10,00 metros de frente em linha reta para a Avenida XXXXXXX; do lado direito de quem da avenida olha para o imóvel, mede 25,82 metros, confrontando com o lote XX; do lado esquerdo mede 26,54 metros, confrontando com o lote XX; e nos fundos mede 10,03 metros, confrontando com XXXXXXXXXXXXX. Cf. Av. 4/31.XXX, por requerimento, subscrito em XXXXXXXXX – SP, aos XX/XX/20XX, procede-se a presente para constar que no terreno desta matrícula foi edificado um prédio residencial com 272,46 m² de área construída (pav. Térreo – casa = 112,23 m², pav. Térreo – varanda = 10,52 m², pav. Superior – casa = 8,52m², pav. Superior – varanda = 6,25 m², pav. Inferior 1 – casa = 40,28 m², pav. Inferior 1 – garagem = 63,48 m² e pav. Inferior 2 = 31,18 m²), que recebeu o número XXXX da Avenida XXXXX. Conforme matrícula n. 31.XXXX, do Oficial de Registro de Imóveis de XXXXXXXXXXXXX. **VALOR: R$ 430.000,00.**

9) LOTE DE TERRENO N. 1, do "**LOTEAMENTO XXXXXXXXXX**", no Bairro do XXXX, deste Município e Comarca, destinado a uso residencial, assim descrito e caracterizado: inicia-se no alinhamento predial da "Rua XX", medindo 26,12 m (vinte e seis metros e doze centímetros) de frente para a mencionada rua em dois segmentos: o primeiro em curva de raio 11,50 m e desenvolvimento de 23,66 m (vinte e três metros e sessenta e seis centímetros) e o segundo em curva de raio 9 m e desenvolvimento de 2,46 m (dois metros e quarenta e seis centímetros); 31 m (trinta e um metros) do lado direito de quem da rua contempla o terreno, em que confronta com o "XXXXXXXX" do loteamento XXXXXXXXXXXX, matrícula n. 20.XXX de propriedade da XXXXXXXXXXXXXXXXXXX, e 0,66 m (sessenta e seis centímetros) em que confronta com o "Lote n. XX"; 23,54 m (vinte e três metros e cinquenta e quatro centímetros) do lado esquerdo, em que confronta com o "Lote n. XX"; e 11,43 m (onze metros e quarenta e três centímetros) nos fundos, em que confronta com a "Área Verde" do loteamento "XXXXXX", encerrando o perímetro a área superficial de 341,27 m² (trezentos e quarenta e um metros quadrados e vinte e sete decímetros quadrados). Conforme matrícula n. 42.XXX, do Cartório de Registro de Imóveis de XXXXXXXXXX – SP. **VALOR: R$ 200.000,00.**

10) LOTE DE TERRENO N. 2, do "**LOTEAMENTO XXXXXXXXXX**", no Bairro do XXX, deste Município e Comarca, destinado a uso residencial, assim descrito e caracterizado: inicia-se no alinhamento predial da "Rua XX", medindo 11,29 m (onze metros e vinte e nove centímetros) de frente para a mencionada rua em dois segmentos: o primeiro em reta na extensão de 6,08 m (seis metros e oito centímetros) e o segundo em curva de raio 9 m e desenvolvimento de 5,21 m (cinco metros e vinte e um centímetros); 23,54 m (vinte e três metros e cinquenta e quatro centímetros) do lado direito de quem da rua contempla o terreno, em que confronta com o "Lote n. XX"; 25 m (vinte e cinco metros) do lado esquerdo, em que confronta com o "Lote n. 41"; 11 m (onze metros) nos fundos, em que confronta com a "Área Verde" do loteamento "XXXXXXX", encerrando o perímetro a área superficial de 272,68 m² (duzentos e setenta e dois metros quadrados e sessenta e oito decímetros quadrados). Conforme matrícula n. 42.XXX, do Cartório de Registro de Imóveis de XXXXXXXXX – SP. **VALOR: R$ 200.000,00**.

Artigo 5º – A Sra. **MÃE**, já qualificada, casada sob o regime de comunhão universal de bens, com **PAI**, **assina o presente instrumento, dando sua outorga uxória** para esta integralização do capital social, prevista no artigo 1.647, I, do Código Civil.

Artigo 6º – Todos os sócios concordam expressamente com os valores atribuídos aos bens entregues para a integralização da constituição de capital social pelo sócio **PAI e por sua esposa, MÃE**, dispensando a exigência de prévia avaliação.

Artigo 7º – A posse dos imóveis é transmitida, neste ato, para a sociedade.

Artigo 8º – Nos termos do art. 142 do Decreto n. 9.580/2018, combinado com o art. 23 da Lei n. 9.249/95, a transferência dos bens pelo sócio **PAI e por sua esposa, MÃE**, para a integralização do capital social, ocorre pelo valor constante das Declarações de Bens e Direitos integrantes das Declarações do Imposto de Renda da Pessoa Física – Exercício 2024, ano-calendário 2023, não gerando ganho de capital.

Artigo 9º – O prazo de duração da sociedade será por tempo indeterminado, extinguindo-se por vontade unânime dos sócios e nos casos previstos em Lei.

Artigo 10 – A responsabilidade dos sócios é limitada ao valor de suas cotas, respondendo solidariamente pela integralização do capital social, de acordo com o artigo 1.052 da Lei n. 10.406, de 10 de janeiro de 2002.

Artigo 11 – As cotas de capital são indivisíveis em relação à sociedade e cada cota dará direito a um voto nas reuniões da sociedade.

Artigo 12 – Poderá haver aumento ou redução do capital social, observado o seguinte:
§ 1º – No caso de aumento do capital, os sócios realizarão reunião e terão preferência para participar dele, na proporção das cotas de que sejam titulares, quando será processada a alteração do Contrato Social;
§ 2º – A redução do capital processar-se-á nos seguintes termos:
a) quando houver perdas irreparáveis, será realizada com a diminuição proporcional do valor nominal das cotas;
b) se o valor for excessivo em relação ao objeto da sociedade, ele será restituído aos sócios na proporção nominal das cotas.

CAPÍTULO III
DA ADMINISTRAÇÃO

Artigo 13 – A administração da sociedade cabe ao sócio **PAI, de forma isolada**, com poderes e atribuições de representá-la ativa, passiva, judicial e extrajudicialmente, sempre na defesa dos interesses sociais, sendo de única e exclusiva competência os negócios patrimoniais, trabalhistas, previdenciários, tributários, financeiros, comerciais e todos os demais atos necessários à gestão da sociedade, respondendo, quando for o caso, pelos excessos que vier a cometer, autorizado o uso do nome empresarial, vedado, no entanto, em atividades estranhas ao interesse social ou assumir obrigações em favor de qualquer dos quotistas ou de terceiros. Todavia, poderá onerar ou alienar bens imóveis da sociedade, sem autorização dos sócios, continuando com a necessidade de anuência e outorga, para esses fins, da Sra. **MÃE**.

Parágrafo Único: em caso de impossibilidade, por qualquer razão, inclusive falecimento, de o administrador continuar a exercer esses poderes, a administração e representação da sociedade continuará, e será exercida pela sócia anuente **MÃE**.

Artigo 14 – O uso da firma será feito pelo administrador, isoladamente e exclusivamente para os negócios da própria sociedade.

Artigo 15 – Pelo exercício da administração, o administrador poderá estipular, por meio de reunião anual de sócios, uma retirada mensal, a título de PRÓ-LABORE.

Artigo 16 – Caberá ao administrador da sociedade a decisão de nomeação dos representantes da sociedade nas empresas coligadas, controladas ou em que participe de alguma forma.

CAPÍTULO IV
DAS REUNIÕES DOS SÓCIOS QUOTISTAS E DO *QUÓRUM*

Artigo 17 – As Reuniões dos Sócios Quotistas serão convocadas pelo sócio administrador, pelo administrador contratado ou pelos sócios que representem a

maioria do capital social, mediante convocação por escrito ou verbal, constando este fato na respectiva ata, e realizadas:
a) obrigatoriamente:
i) aprovação das contas da administração;
ii) designação do administrador quando este não fizer parte da sociedade;
iii) destituição dos sócios administradores ou administrador contratado;
iv) incorporação, fusão e dissolução da sociedade ou cessação do estado de liquidação;
v) nomeação e destituição dos liquidantes e o julgamento de suas contas;
vi) pedido de concordata.
b) facultativamente:
Sempre que os sócios que detêm a maioria do capital social julgarem necessário.

Parágrafo Único: as atas das reuniões serão lavradas em livro próprio, cabendo aos sócios designar entre eles o Presidente e Secretário da reunião.

Artigo 18 – Em relação aos atos e decisões a serem tomadas nas reuniões dos sócios quotistas, deverão ser observados os seguintes *quóruns* para a validade das decisões tomadas:
i) para a reunião dos sócios quotistas: maioria do capital social;
ii) para alteração do Contrato Social: ¾ do capital social;
iii) para incorporação, fusão, dissolução da sociedade ou cessação do estado de liquidação: ¾ do capital social;
iv) para designação do administrador, sua demissão, fixação de remuneração e pedido de concordata: mais da metade do capital social;
v) maioria de votos dos presentes nos demais casos não constantes dos itens I a IV do presente artigo.

CAPÍTULO V
DO EXERCÍCIO SOCIAL E DESTINAÇÕES DE LUCROS E PERDAS

Artigo 19 – O exercício social terminará em 31 de dezembro de cada ano, quando serão levantados o respectivo Balanço Patrimonial e a Demonstração de Resultado do Exercício.

Artigo 20 – Os lucros ou prejuízos apurados serão distribuídos ou suportados pelos sócios, podendo ser realizado de forma **desproporcional** em relação à participação no capital, cabendo essa decisão aos sócios administradores. Os sócios desde já reconhecem a validade desta condição que é justificada como mecanismo de retribuição a cada sócio que colaborou com seu trabalho pessoal para a formação do resultado auferido pela sociedade, independentemente de eventual pagamento de "pró-labore".
§ 1º – No transcorrer do exercício, havendo lucros apurados em balanços intermediários ou balancetes, poderão ser eles distribuídos aos sócios na proporção de suas cotas de capital, como antecipação.

§ 2º – Se no encerramento final do balanço os lucros forem inferiores aos retirados como antecipação, caberá aos sócios a devolução, para a sociedade, da parte excedente nas mesmas proporções do § 1º.

CAPÍTULO VI
DA RETIRADA E EXCLUSÃO DE SÓCIOS

Artigo 21 – As cotas da sociedade serão indivisíveis e não poderão ser cedidas ou transferidas sem o expresso consentimento dos sócios, cabendo, em igualdade de preços e condições, o direito de preferência aos sócios que queiram adquiri-las, no caso de algum sócio pretender ceder as que possui.

Artigo 22 – É vedado aos sócios caucionar ou dar suas cotas em garantia, seja a que título for.

Artigo 23 – Se qualquer dos sócios desejar se retirar da sociedade, deverá comunicar sua intenção aos demais por escrito, especificando o preço da oferta e as condições de pagamento, e concedendo prazo de 180 (cento e oitenta) dias para manifestação.

Artigo 24 – Neste caso, se qualquer sócio desejar retirar-se da sociedade, é assegurado o direito personalíssimo e exclusivo de preferência ao sócio, que poderá exercê-lo pagando um valor nominal da cota que constar no Contrato Social, reavaliado a valor de mercado vigente à época da retirada em 120 (cento e vinte) parcelas mensais, iguais e sucessivas, com acréscimos legais, não estando sujeito, portanto, a igualar ofertas de terceiros. O prazo aqui mencionado pode ser modificado em comum acordo das partes.

Artigo 25 – Os sócios poderão deliberar em reunião de sócios, excluírem da sociedade, por justa causa, os sócios que estejam pondo em risco a continuidade da empresa, devendo ser apurados os respectivos haveres através de demonstrações contábeis da sociedade na data do evento, reavaliado a valor de mercado vigente à época. Nessa hipótese de exclusão de sócios, será levantado um Balanço Patrimonial na data da saída, e com base nestas demonstrações contábeis será apurado o quinhão do sócio, que será reembolsado em 120 (cento e vinte) prestações mensais, iguais e sucessivas, com acréscimos legais.

CAPÍTULO VII
DO *AFFECTIO SOCIETATIS*

Artigo 26 – Falecendo qualquer sócio, a sociedade continuará suas atividades normalmente com os sócios remanescentes. A sociedade é fundada sobre o princípio do **AFFECTIO SOCIETATIS**, que deve estar presente obrigatoriamente em relação a todos os sócios, uma vez que é fundamental à sobrevivência da sociedade e de seu desiderato. Por essa razão, não será admitido, em nenhuma hipótese, o ingresso de eventuais sucessores, seja a que título for, sem o expresso consentimento de todos os sócios remanescentes, a quem caberá, exclusivamente, a decisão de admitir na sociedade pessoas estranhas ao quadro societário.

Artigo 27 – Na presença de eventuais sucessores, que não obtiveram consentimento de admissão na sociedade, será levantado um Balanço Patrimonial na data desse evento, e com base nessas demonstrações que se basearão exclusivamente nos valores contábeis, será apurado o quinhão respectivo, reavaliado a valor de mercado vigente à época, que será reembolsado em 120 (cento e vinte) prestações mensais, iguais e sucessivas, sem acréscimos de quaisquer valores, mesmo a título de juros, justificando-se esse prazo para não colocar em risco a sobrevivência da sociedade.

Artigo 28 – A sociedade não se dissolverá pela morte, incapacidade, retirada de sócio quotista, nem por sua exclusão. Também não haverá dissolução da sociedade mesmo que remanesça um único sócio continuando, nesta hipótese, com o sócio remanescente pelo prazo máximo de 180 (cento e oitenta) dias, como faculta o inciso IV do artigo 1.033 da Lei n. 10.406/2002.

CAPÍTULO VIII
DAS DISPOSIÇÕES FINAIS

Artigo 29 – Os administradores declaram, sob as penas da Lei, que não estão impedidos de exercer a administração da sociedade, por Lei especial, nem condenados à pena que vede, ainda que temporariamente, o acesso a cargos públicos; ou por crime falimentar de prevaricação, peita ou suborno, concussão, peculato, ou contra a economia popular, contra o sistema financeiro nacional, contra as normas de defesa da concorrência, contra as relações de consumo à fé pública, ou à propriedade.

Artigo 30 – As omissões ou dúvidas que possam ser suscitadas sobre o presente Contrato, serão supridas ou resolvidas com base na Lei n. 10.406, de 10 de janeiro de 2002.

Artigo 31 – Fica eleito o foro desta comarca para os procedimentos judiciais referentes a este Instrumento de Contrato Social, com expressa renúncia de qualquer outro, por mais especial ou privilegiado que seja.
E, por estarem em perfeito acordo, em tudo quanto neste instrumento particular foi lavrado, obrigam-se a cumprir o presente contrato, por si e por seus herdeiros, na presença das testemunhas abaixo, em 3 vias de igual teor, para um só efeito.

Cidade-Estado, xx de xxxxxxxx de 2024.

PAI

_____

FILHO 1

_____

FILHO 2

_____

FILHA 1

Outorgante anuente:

_____

MÃE

Testemunhas:

_____   _____

VISTO: ADVOGADO

    Encerrada a minuta, esta será enviada para análise da família. Estando esta de acordo, as assinaturas são coletadas e você deverá enviar a minuta para registro na Junta Comercial. Em seguida, o CNPJ é emitido.

    Agora chegou o momento de solicitar a imunidade do ITBI – neste caso, opção da família.

    Você deve preparar o seguinte requerimento:

Pedido de Imunidade do ITBI

Ao Excelentíssimo Senhor Prefeito Municipal de XXXXXXXXXXXXXXXXXXXX

CIDADE, XX de XXXXXXX de 2024.

Assunto: Pedido de reconhecimento da imunidade do ITBI sobre a transferência de imóveis em realização de Capital.
FELICIDADE PARTICIPAÇÕES E ADMINISTRAÇÃO DE BENS PRÓPRIOS LTDA., inscrita no CNPJ sob o número XXXXXXX/0001-XX, localizada na XXXXXXXXXXX, XXX, Centro, XXXXX-SP, vem por meio desta solicitar o reconhecimento da imunidade do ITBI sobre a transferência dos imóveis em anexo, para realização de seu capital, conforme previsão expressa no artigo 156, parágrafo 2º, I, da Constituição Federal.
A Empresa iniciou suas atividades em XX de XXXXXX de 202X e tem como objetivo social, conforme cláusula 3ª do Contrato Social, a gestão de participações societárias em outras empresas, *holding* não instituição financeira; administração de bens imóveis próprios, aluguéis de bens imóveis próprios residenciais e não residenciais, loteamento de imóveis próprios; compra e venda de imóveis próprios.
A Constituição Federal, em seu artigo 156, parágrafo 2º, I, garante a imunidade do ITBI sobre a transferência de imóveis em realização de capital:
Artigo 156. Compete aos Municípios instituir impostos sobre:
[...]
II – transmissão *"inter vivos"*, a qualquer título, por ato oneroso, de bens imóveis, por natureza ou acessão física, e de direitos reais sobre imóveis, exceto os de garantia, bem como cessão de direitos a sua aquisição;
[...]
§ 2º – O imposto previsto no inciso II:
I – não incide sobre a transmissão de bens ou direitos incorporados ao patrimônio de pessoa jurídica em realização de capital, nem sobre a transmissão de bens ou direitos decorrente de fusão, incorporação, cisão ou extinção da pessoa jurídica, salvo se, nesses casos, a atividade preponderante do adquirente for a compra e venda desses bens ou direitos, locação de bens imóveis ou arrendamento mercantil; [...]
Já o artigo 37, parágrafo 2º, do Código Tributário Nacional, prevê que nos casos em que a pessoa jurídica adquirente for recém-constituída ou tiver iniciado suas atividades em menos de dois anos antes da aquisição, será verificado se sua atividade é considerada preponderante de compra, venda, locação ou arrendamento mercantil de imóveis nos três anos seguintes à integralização do seu capital.
Conforme entendimento jurisprudencial:
"ITBI. IMÓVEL INCORPORADO AO PATRIMÔNIO DA PESSOA JURÍDICA EM REALIZAÇÃO DE CAPITAL. NÃO-INCIDÊNCIA. Quando a transmissão do bem imóvel for efetuada em realização de capital, somente ocorre o fato gerador do ITBI quando a pessoa jurídica adquirente auferir, nos dois anos anteriores e nos dois subseqüentes à aquisição, mais da metade de sua receita operacional em negócios imobiliários. Se suas atividades tiverem início após a aquisição, ou menos de dois anos antes dela, essa receita deverá ser apurada no triênio seguinte. Inteligência dos arts. 156, § 2º, inc. I, da Constituição Federal e 37, §§ 1º e 2º, do Código Tributário Nacional. Diante de todo

o exposto, voto pelo desprovimento do recurso e manutenção da sentença em sede de reexame necessário, embora por outros fundamentos, ressalvando-se a possibilidade de cobrança do ITBI, se nos três anos posteriores à incorporação do bem a atividade preponderante da empresa seja alguma das apontadas no artigo 156, § 2º, I, *in fine*, da Constituição da República. [...] (TJPR – 1ª Câmara Cível – Autos n. 363.330-9 – Des. Relator: Ruy Cunha Sobrinho – DJ de 16/02/2007).

Dessa forma, como a Empresa em comento iniciou suas atividades em XX de XXXXXXXXX de 202X, conforme Comprovante de Situação Cadastral no CNPJ e Contrato Social, em anexos, aplica-se a regra do artigo 37, parágrafo 2º, do CTN, devendo ser concedida, de plano, a Certidão de Imunidade Tributária em relação ao ITBI.

Nestes termos,

Pede deferimento

Nome do Sócio (PAI/MÃE)
CPF xxxxxxxxxxxxxx

Anexo – Relação de bens aportados

1) TERRENO à RUA XXXXXX, nesta cidade, com as seguintes medidas e confrontações: 21,50 metros de frente para a Rua XXX; 32,00 metros do lado que confronta com a casa n. 6 de propriedade de XXXXXX; 18,50 metros com a rua XXXXXXXXXXX; e 32,00 metros do lado que confronta com propriedade do espólio de XXXXXXXXXX. Cf. Av. 2/24.XXX foi edificado, anterior a 19XX, **UM PRÉDIO RESIDENCIAL**, com 132 m², o qual recebeu o n. XX, da Rua XXXXXXXXXXXXX. Cf. Av. 13/24.XXX em XX de janeiro de 20XX, nos termos do inciso II, art. 213 da Lei n. 6.015/1973, alterada pela Lei n. 10.931/2004, por requerimento do proprietário subscrito nesta cidade, aos XX/09/20XX, instruído com memorial descritivo e planta subscrita pelo titular do imóvel, pelos titulares dos imóveis confinantes, pela Prefeitura XXXXXXXXXXXXXXXXXXXXX, que o terreno objeto desta possui a superfície de 674,16 metros e tem as seguintes medidas e confrontações: inicia-se no marco M1, fazendo frente para a Rua XXXXX, medindo 20,767 metros com azimute 217º07'23", até atingir o marco M2; deflete à direita na distância de 32,275 metros, com azimute 125º34'34", até atingir o marco M3, confrontando com XXXXXXXXXX, sucessor de XXXXXXXXXXXXXXXX (matrícula n. XXXXX); deflete à direita na distância de 3,264 metros, com azimute de 32º56'12", até atingir o marco M4; pequena deflexão à direita na distância de 0,84 metro, com azimute de 40º06'20", até atingir o marco M5; pequena deflexão à direita na distância de 6,595 metros, com azimute de 34º38'28", até atingir o marco M6; pequena deflexão à direita na distância de 2,536 metros, com azimute de 34º57'17", até atingir o marco M7; pequena deflexão à direita na distância de 8,349 metros, com azimute de 35º05'31", até atingir o marco M8, confrontando com a Rua XXXXXXXXX; deflete à direita na distância de 2,513 metros, com azimute de 121º06'43", até atingir o marco M9; pequena deflexão à esquerda na distância de 6,266 metros, com azimute de 123º09'38", até o marco M10; pequena deflexão à esquerda na distância de 5,434 metros, com azimute de 125º39'56", até atingir o marco M11; pequena deflexão à direita na distância de 7,167 metros, com azimute de 124º22'30", até atingir o marco M12; pequena deflexão à esquerda na distância de 9,621 metros, com azimute de 124º28'09", até atingir o marco M13; pequena deflexão à esquerda na distância de 0,427 metro, com azimute de 132º21'14", até atingir o marco M1, confrontando com XXXXXXXXXXXXX, sucessor do espólio de XXXXXXXXXXXX, início desta descrição, fechando assim o perímetro. Conforme matrícula n. 24.XXXX, do Registro de Imóveis XXXXXXX – SP. **VALOR: R$ 910.821,33.**

2) **UNIDADE AUTÔNOMA N. 33**, modelo TIPO, localizada no Xº pavimento, ou Xº andar, do empreendimento denominado "**CONDOMÍNIO XXXXXXXXXXXXXXXX**", situado na Avenida XXXXXXX, n. XXX, e Rua XXXXXXX, n. XXX, nesta Cidade e Comarca XXXXXXX-SP, contendo: sala, sala de TV, lavabo, cozinha, lavanderia, banheiro de serviço, varanda, quatro dormitórios, dois banheiros e duas vagas determinadas pelo número da unidade na garagem comum do empreendimento, com área privativa de 149 m², área comum de 120,6730 m², área de garagem de 26 m² e área total de 295,6730 m², correspondendo-lhe uma fração ideal de 1,9380% no terreno e demais coisas comuns do empreendimento. Conforme matrícula n. 28.XXXX, do Registro de Imóveis de XXXXXXXX – SP. **VALOR: R$ 82.756,00.**

3) **APARTAMENTO N. 84**, modelo TIPO, localizado no XXº pavimento, ou Xº andar, do empreendimento denominado "XXXXXXXXXXXXX", situado na XXXXXXXXX, n. XXXXX, e Rua XXXXXXXXXXX, n. XXXXXX, nesta Cidade e Comarca de XXXXXXXXXX-SP, contendo: sala, sala de TV, lavabo, cozinha, lavanderia, banheiro de serviço, varanda, quatro dormitórios, dois banheiros e duas vagas determinadas pelo número da unidade na garagem comum do empreendimento, com área privativa de 149 m², área comum de 120,6730 m², área de garagem de 26 m² e área total de 295,6730 m², correspondendo-lhe uma fração ideal de 1,9380% no terreno e demais coisas comuns do empreendimento. Conforme matrícula n. 28.XXXX, do Registro de Imóveis de XXXXXXXXXX – SP. **VALOR: R$ 55.000,00.**

4) **CASA RESIDENCIAL**, da Rua XXXXXXX, com 147,04 m², constituído de residência com 96,79 m², edícula com 34 m² e garagem com 16,25 m², e respectivo terreno, identificado com o lote n. 01 da XXXXXXXXXXXX, nesta Cidade e Comarca de XXXXXXXX-SP, medindo 338 m², ou seja: 10 metros de frente para a Rua XXXXXXXXXX; 33,80 metros do lado que divide com XXXXXXXXXX; 33,80 metros do outro lado, divisando com XXXXXXXXXXXXXX; e 10 metros no fundo, confrontando-se com XXXXXXXXXXXXXXXX. Conforme matrícula n. 28.XXX, do Registro de Imóveis de XXXXXXXX – SP. **VALOR: R$ 25.000,00.**

5) **UM TERRENO**, situado nesta cidade, medindo 11,90 metros de frente por 48,20 metros da frente aos fundos, em que mede 9,50 metros e confronta-se na frente com a Rua XXXXXXXXXX; nos fundos, com a Rua XXXXXXXXXX; de um lado com a Rua XXXXXXXXXX e, do outro lado, com XXXXXXXXXX, contendo como benfeitorias uma casa com frente para a Rua XXXXXXXXXXX, n. XXX,

esquina da Rua XXXXXXXXXX, de tijolos e telhas, com 8 cômodos e corredor, com 3 portas e 2 janelas de frente; uma casa de morada, com frente para a Rua XXXXXXXXX, esquina da Rua XXXXXXXXXXXX, de tijolos e telhas, com 5 cômodos, corredor e um barracão, servindo de garagem ao lado, com duas portas, sendo uma de aço e 3 janelas de frente; e dois barracões, construídos entre as duas casas suprarreferidas, de tijolos e telhas, medindo um deles 4,50 x 15,40 e o outro 3,50 x 7,00 metros, forrados e ladrilhados. Conforme matrícula n. 1XXXXX, do Registro de Imóveis de XXXXXXX – SP. **VALOR: R$ 30.000,00**.

6) UM TERRENO, com área de 40.000 m², situado no Bairro do XXXXXXXXXXXX, desta Cidade e Comarca de XXXXXXXXXX-SP, identificado com XXXXXXXXX, parte do imóvel denominado "XXXXXXXXXXX", assim descrito e caracterizado: inicia no ponto 0X, localizado no km XXXXX metros da Rodovia XXXXXXXXXX, com azimute de 273º45'15" e 25,17 metros, até o ponto 02; daí, deflete à direita e segue na confluência XXXXXXXXXXX, por uma curva de raio de 6 metros e comprimento de 7,35 metros, azimute de 308º51'33" e distância de 6,90 metros até o ponto 03; daí, segue confrontando com a XXXXXXXXXXXXXXX, com azimute e 343º57'41" e 104,61 metros até o ponto 3-A; daí, deflete à direita e segue com azimute 93º23'21" XXXXXXXXXXX, início da descrição, encerrando a área, contendo como benfeitorias uma casa com área de frente e abrigo, barracão e despejo, totalizando 211,16 m². Conforme matrícula n. 35.XXX, do Registro de Imóveis de XXXXXXXXXXXX – SP. **VALOR: R$ 1.000.000,00**.

7) APARTAMENTO no pavimento inferior do **BLOCO X** do "XXXXXXXXXXXX", sito na Rua XXXXXXXX, XXXXXXXXXXXXXXXXX, nesta Cidade e Comarca XXXXXXXXX, contendo dois dormitórios, banheiro, sala com varanda, cozinha, área de serviço e uma vaga de garagem acessória, localizada na área de estacionamento no pavimento térreo do empreendimento, com área privativa de 56,51 m², área comum de 21,44993 m², vaga de estacionamento acessória descoberta n. 16 de 9,40 m², área total de 87,3599 m² e fração ideal do terreno e demais coisas comuns de 3,571%. Conforme matrícula n. 35.XXX, do Registro de Imóveis de XXXXXXXXXX – SP. **VALOR: R$ 91.979,74**.

8) CASA N. 52, do loteamento denominado "XXXXXXXXXX", situado no Bairro do XXXXXX, perímetro urbano, deste Município e Comarca de XXXXXXXXXXXX-SP, com área de 261,79 m², assim descrito: mede 10 metros de frente em linha reta para a Avenida XXXXXXX; do lado direito de quem da avenida olha para o imóvel, mede 25,82 metros, confrontando com o lote XX; do lado esquerdo mede 26,54 metros, confrontando com o lote XX; e nos fundos mede 10,03 metros, confrontando com XXXXXXXXXXXXX. Cf. Av. 4/31.XXX, por requerimento, subscrito em XXXXXXXXX SP, aos XX/XX/20XX, procede-se a presente para constar que no terreno desta matrícula foi edificado um prédio residencial com 272,46 m² de área construída (pav. Térreo – casa = 112,23 m², pav. Térreo – varanda = 10,52 m², pav. Superior – casa = 8,52 m², pav. Superior – varanda = 6,25 m², pav. Inferior 1 – casa = 40,28 m², pav. Inferior 1 – garagem = 63,48 m² e pav. Inferior 2 = 31,18 m²), que recebeu o número XXXX da Avenida XXXXX. Conforme matrícula n. 31.XXXX, do Oficial de Registro de Imóveis de XXXXXXXXXXXXX. **VALOR: R$ 430.000,00**.

9) LOTE DE TERRENO N. 1, do "**LOTEAMENTO XXXXXXXXXX**", no Bairro do XXXX, deste Município e Comarca, destinado a uso residencial, assim descrito e caracterizado: inicia-se no alinhamento predial da "Rua XX", medindo 26,12 m (vinte e seis metros e doze centímetros) de frente para a mencionada rua em dois segmentos: o primeiro em curva de raio 11,50 m e desenvolvimento de 23,66 m (vinte e três metros e sessenta e seis centímetros) e o segundo em curva de raio 9 m e desenvolvimento de 2,46 m (dois metros e quarenta e seis centímetros); 31 m (trinta e um metros) do lado direito de quem da rua contempla o terreno, em que confronta com o "XXXXXXXX" do loteamento XXXXXXXXXXX, matrícula n. 20.XXX de propriedade da XXXXXXXXXXXXXXXXX, e 0,66 m (sessenta e seis centímetros) em que confronta com o "Lote n. XX"; 23,54 m (vinte e três metros e cinquenta e quatro centímetros) do lado esquerdo, em que confronta com o "Lote n. XX"; e 11,43 m (onze metros e quarenta e três centímetros) nos fundos onde confronta com a "Área Verde" do loteamento "XXXXXX", encerrando o perímetro a área superficial de 341,27 m² (trezentos e quarenta e um metros quadrados e vinte e sete decímetros quadrados). Conforme matrícula n. 42.XXX, do Cartório de Registro de Imóveis de XXXXXXXXXX – SP. **VALOR: R$ 200.000,00.**

10) LOTE DE TERRENO N. 2, do "**LOTEAMENTO XXXXXXXXXX**", no Bairro do XXX, deste Município e Comarca, destinado a uso residencial, assim descrito e caracterizado: inicia-se no alinhamento predial da "Rua XX", medindo 11,29 m (onze metros e vinte e nove centímetros) de frente para a mencionada rua em dois segmentos: o primeiro em reta na extensão de 6,08 m (seis metros e oito centímetros) e o segundo em curva de raio 9 m e desenvolvimento de 5,21 m (cinco metros e vinte e um centímetros); 23,54 m (vinte e três metros e cinquenta e quatro centímetros) do lado direito de quem da rua contempla o terreno, em que confronta com o "Lote n. XX"; 25 m (vinte e cinco metros) do lado esquerdo, em que confronta com o "Lote n. 41"; 11 m (onze metros) nos fundos, em que confronta com a "Área Verde" do loteamento "XXXXXXX", encerrando o perímetro a área superficial de 272,68 m² (duzentos e setenta e dois metros quadrados e sessenta e oito decímetros quadrados). Conforme matrícula n. 42.XXX, do Cartório de Registro de Imóveis de XXXXXXXXX – SP. **VALOR: R$ 200.000,00.**

Após o pedido ser deferido pela Prefeitura, você deverá proceder para o registro de imóveis. É só elaborar o requerimento e juntar a documentação pertinente (matrículas atualizadas, Contrato Social registrado, comprovantes de endereço, documentos dos sócios etc.).

Requerimento de Registro

Cidade, xx de xxxxxxx de 2024

Ao XXº Cartório de Registro de Imóveis de XXXXXXXXXX
Assunto: Requerimento de Registro de Transmissão de Imóvel

> FELICIDADE PARTICIPAÇÕES E ADMINISTRAÇÃO DE BENS PRÓPRIOS LTDA., CNPJ: XXXXXXX/XXXXX-XX, estabelecida na XXXXXXXXXXXXXXXX, XXXX – Bairro XXXX – XXXXXXX – CEP XXXXXX, por seu administrador representante legal, XXXXX (PAI), brasileiro, casado no regime de comunhão universal de bens, empresário, residente e domiciliado na XXXXXXXX, n. XX, bairro XXXXX, xxxxxxxx – SP, portador do CPF n. xxxxxxxxxx e RG n. xxxxxxxx, e sua esposa, xxxxxxxxxxxxxx, brasileira, casada, empresária, residente e domiciliada na xxxxxxxxxxxxxx, n. xx, bairro XXXXX, xxxxxxxx – SP, portadora do CPF n. xxxxxxxxxxxx e RG n. xxxxxxxx, vem por meio deste requerer que sejam registradas as transmissões dos imóveis, com matrículas: xxxxx, xxxxxx etc., que foram integralizados como capital desta empresa.
>
> Sem mais para o momento,
>
> Atenciosamente,
>
> _____   _____
> PAI   MÃE

Nesse momento, os clientes lhe enviarão o cheque com as custas de registro.

Concluídos os registros, você receberá as matrículas dos imóveis atualizadas constando como proprietária a *holding*.

Agora chegou o momento de você realizar a alteração contratual para efetivar a doação da empresa e a sucessão para os filhos. Sugerimos aqui que você elabore a minuta e envie para análise da família. Tendo um retorno positivo, o próximo passo é combinar a data que será feita a doação. Isso é necessário porque nessa data o Imposto sobre Transmissão *Causa Mortis* e Doação (ITCMD) deverá ser recolhido.

Na data combinada, você deverá preparar a declaração do ITCMD.

Elaboração da Declaração do ITCMD

> Vamos apresentar a elaboração da declaração do ITCMD com base no estado de São Paulo – o passo a passo está descrito no Capítulo 5, *Imposto sobre Transmissão Causa Mortis e Doação*. Para realizá-lo, é necessário acessar o *site* https://www10.fazenda.sp.gov.br/ITCMD_DEC/Default.aspx, por meio do QR Code ao lado.

uqr.to/1o866

156 | *Holding* Familiar na Prática • *Rios*

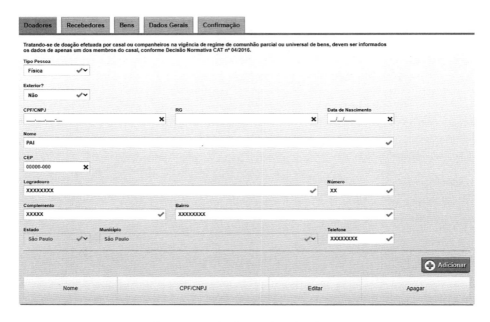

Figura 10.1 Cadastro dos doadores.

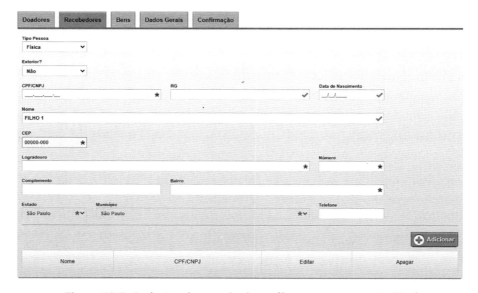

Figura 10.2 Cadastro dos recebedores (fazer uma para cada filho).

Capítulo 10 • Exemplo Prático Completo de Elaboração de uma *Holding* | 157

Bem ou Direito	
162. Participações societárias não negociadas em bolsa de valores	✓✓

Justificativa da Isenção	
Não se aplica	✓

Descrição	
DOAÇÃO DE COTAS A NOSSOS FILHOS, EMPRESA FELICIDADE PARTICIPAÇÕES E ADMINISTRAÇÃO DE BENS LTDA	*

CNPJ		Valor do capital social	
__.___.___/____-__	*	3.025.997,00	✓

Valor do patrimônio líquido		Percentual Transmitido	
3.025.997,00	✓	66,670	✓

Base de Cálculo (maior que R$1,00)	
2.017.432,20	*

Percentual Transmitido	
	✓

Recebedor(es)	Percentual Recebido %	
FILHO 1	33,340	✓
FILHO 2	33,330	✓
FILHA 1	33,300	✓

Figura 10.3 Doação das cotas da *holding*.

Sobre a doação das cotas: é preciso informar como doação 2/3 do valor total de cotas que o doador tem.

Ao transmitir, serão geradas as guias para pagamento do imposto.

Pago o imposto, você deverá fazer a transcrição na minuta final da *holding* e atualizá-la para coletar as assinaturas e registrá-la.

Minuta de alteração contratual da *holding*, com a doação das cotas

INSTRUMENTO DE ALTERAÇÃO DE CONTRATO SOCIAL DA SOCIEDADE EMPRESÁRIA LIMITADA
FELICIDADE PARTICIPAÇÕES E ADMINISTRAÇÃO DE BENS PRÓPRIOS LTDA.

PRIMEIRA ALTERAÇÃO CONTRATUAL
CNPJ: XXXXX/0001-XX NIRE: XXXXXXXXX

Pelo presente instrumento particular, as partes adiante qualificadas:

PAI, brasileiro, profissão, casado no regime de comunhão universal de bens, nascido em xx de fevereiro de mil novecentos e xxxxxxxxxxx, na cidade de xxxxxxxx, estado de São Paulo, portador da cédula de identidade RG n. xxxxxxxx, expedida pela SSP-SP, e CPF n. xxxxxxxxxxx, residente e domiciliado na Rua xxxxxxxxxx, xxx – Centro – xxxxxx – SP, CEP: xxxxxxxxxx.

FILHO 1, brasileiro, profissão, casado no regime de comunhão parcial de bens, nascido em xx de xxxxxx de mil novecentos e xxxxxxxxxx, na cidade de xxxxxxxx, estado de São Paulo, portador da cédula de identidade RG n. xxxxxxxx, expedida pela SSP-SP, e CPF n. xxxxxxxxxxx, residente e domiciliado na Rua xxxxxxxxxx, xxx – Centro – xxxxxx – SP, CEP: xxxxxxxxxx.

FILHO 2, brasileiro, profissão, casado no regime de comunhão parcial de bens, nascido em xx de xxxxxx de mil novecentos e xxxxxxxxxx, na cidade de xxxxxxxx, estado de São Paulo, portador da cédula de identidade RG n. xxxxxxxx, expedida pela SSP-SP, e CPF n. xxxxxxxxxxx, residente e domiciliado na Rua xxxxxxxxxx, xxx – Centro – xxxxxx – SP, CEP: xxxxxxxxxx.

FILHA 1, brasileira, profissão, casada no regime de comunhão parcial de bens, nascida em xx de xxxxxx de mil novecentos e xxxxxxxxxx, na cidade de xxxxxxxx, estado de São Paulo, portadora da cédula de identidade RG n. xxxxxxxx, expedida pela SSP-SP, e CPF n. xxxxxxxxxxx, residente e domiciliado na Rua xxxxxxxxxx, xxx – Centro – xxxxxx – SP, CEP: xxxxxxxxxx.

Cônjuge anuente:
MÃE, brasileira, empresária, casada no regime de comunhão universal de bens, nascida em xx de xxxxxx de mil novecentos e xxxxxxxxxx, na cidade de xxxxxx, estado de São Paulo, portadora da cédula de identidade RG n. xxxxxxxxxxx, expedida pela SSP-SP, e CPF n. xxxxxxxxxxxxxxx, residente e domiciliada na Rua xxxxxxxxx, xxx – Centro – XXXX – SP, CEP: xxxxxxx.

Têm entre si, justo e contratado, a alteração do Contrato Social da sociedade FELICIDADE PARTICIPAÇÕES E ADMINISTRAÇÃO DE BENS PRÓPRIOS LTDA., inscrita no CNPJ sob n. XXXXXX/0001-XX, com sede na cidade de XXXX, estado de XXXXXXXXX, na Rua XXXXXXXXXX, XXX – Centro – XXXXX – SP, CEP: XXXXXX, cujo Contrato Social foi registrado na Junta Comercial do Estado de XXXXX sob n. XXXXXXX, em XX/XX/XXXX, resolvem de comum acordo proceder às seguintes alterações:

1) O sócio **PAI** resolve, neste ato, doar suas cotas de capital a seus FILHOS, permanecendo com o usufruto vitalício, da seguinte maneira:

Sócios	Cotas	Valor (R$)
FILHO 1	1.008.666	1.008.666,00
FILHO 2	1.008.666	1.008.666,00
FILHA 1	1.008.665	1.008.665,00
TOTAL	**3.025.997**	**3.025.997,00**

2) Com as alterações realizadas no item 1, a composição societária fica da seguinte maneira:

Sócios	Cotas	Valor (R$)
FILHO 1	1.008.667	1.008.667,00
FILHO 2	1.008.667	1.008.667,00
FILHA 1	1.008.666	1.008.666,00
TOTAL	3.026.000	3.026.000,00

3) A Sra. **MÃE**, anuente já qualificada, casada sob o regime de comunhão universal de bens com **PAI, assina o presente instrumento, dando sua outorga uxória**, para a doação das cotas aos sócios donatários, prevista no artigo 1.647, I e IV, do Código Civil.
4) **PAI e sua esposa, MÃE,** permanecem com o usufruto vitalício das cotas.
5) As cotas da sociedade ficam gravadas com incomunicabilidade, inalienabilidade, impenhorabilidade na forma da lei civil, não podendo ser liquidadas mediante requerimento de credores dos sócios.
6) As cotas de capital não se comunicam com os cônjuges dos sócios donatários por estarem excluídas da comunhão, de acordo com o inciso I do artigo 1.659 da Lei n. 10.406 de 2002 – Código Civil Brasileiro, por tratar-se de doação e sucessão.
Declaram os doadores e os donatários, conforme determina o parágrafo 3º do artigo 18 da Lei n. 10.705/2000, que o Imposto de Transmissão *Causa Mortis* e Doação (ITCMD) foi recolhido sobre 2/3 do valor patrimonial das cotas, conforme determinam o item 2 do parágrafo 2º do artigo 9º e o parágrafo 3º do artigo 14 da Lei n. 10.705/2000, em XX/XX/2024, conforme declaração de Doação n. 69521XXX, pago por meio de Guias de Arrecadação Estadual:

a) Número do DARE: 2105900220XXXXX, Código de autenticação bancária: BD71C707A3E9002B6B34A702A86A6, Banco XXXX S/A, vencimento XX/XX/XXXX, código de receita: 015-2, valor R$ 26.897,75 (Vinte e seis mil, oitocentos e noventa e sete reais e setenta e cinco centavos), data do pagamento: XX/XX/2024, Contribuinte: FILHO 1, já qualificado; Doador: PAI, já qualificado.

b) Número do DARE: 2105900220XXXXX, Código de autenticação bancária: BD71C707A3E9002B6B34A702A86A6, Banco XXXX S/A, vencimento XX/XX/XXXX, código de receita: 015-2, valor R$ 26.897,75 (Vinte e seis mil, oitocentos e noventa e sete reais e setenta e cinco centavos), data do pagamento: XX/XX/2024, Contribuinte: FILHO 2, já qualificado; Doador: PAI, já qualificado.

c) Número do DARE: 2105900220XXXXX, Código de autenticação bancária: BD71C707A3E9002B6B34A702A86A6, Banco XXXX S/A, vencimento XX/XX/XXXX, código de receita: 015-2, valor R$ 26.897,75 (Vinte e seis mil, oitocentos e noventa e sete reais e setenta e cinco centavos), data do pagamento: XX/XX/2024, Contribuinte: FILHA 1, já qualificada; Doador: PAI, já qualificado.

d) Declaram ainda que fica reservado 1/3 a título de usufruto para recolhimento futuro.

e) A declaração de doação foi feita em nome de um dos cônjuges, **PAI**, conforme determina a Decisão Normativa CAT 4/2016[2].

Resolvem as partes, em decorrência dos itens anteriores, promover a consolidação do Contrato Social que, a partir dessa data, passa a vigorar com a seguinte redação:

A partir daqui começaremos a consolidação do Contrato Social.

CONTRATO SOCIAL DA SOCIEDADE EMPRESÁRIA LIMITADA FELICIDADE PARTICIPAÇÕES E ADMINISTRAÇÃO DE BENS PRÓPRIOS LTDA. CNPJ: XXXXXX/0001-XX NIRE: XXXXXXXXXX

Pelo presente instrumento particular, as partes adiante qualificadas:

Doadores Usufrutuários:

PAI, brasileiro, profissão, casado no regime de comunhão universal de bens, nascido em xx de fevereiro de mil novecentos e xxxxxxxxxx, na cidade de xxxxxxxx, estado de São Paulo, portador da cédula de identidade RG n. xxxxxxxx, expedida pela SSP-SP, e CPF n. xxxxxxxxxx, residente e domiciliado na Rua xxxxxxxxxx, xxx – Centro – xxxxxx – SP, CEP: xxxxxxxxxx.

MÃE, brasileira, empresária, casada no regime de comunhão universal de bens, nascida em xx de xxxxxx de mil novecentos e xxxxxxxxx, na cidade de xxxxxx, estado de São Paulo, portadora da cédula de identidade RG n. xxxxxxxxxxx, expedida pela SSP-SP, e CPF n. xxxxxxxxxxxxxx, residente e domiciliada na Rua xxxxxxxxx, xxx – Centro – XXXX – SP, CEP: xxxxxxx.

Sócios Donatários:

FILHO 1, brasileiro, profissão, casado no regime de comunhão parcial de bens, nascido em xx de xxxxxx de mil novecentos e xxxxxxxxxx, na cidade de xxxxxxxx,

---

[2] Aplicável ao estado de São Paulo.

estado de São Paulo, portador da cédula de identidade RG n. xxxxxxxx, expedida pela SSP-SP, e CPF n. xxxxxxxxxxx, residente e domiciliado na Rua xxxxxxxxxx, xxx – Centro – xxxxxx – SP, CEP: xxxxxxxxxx.

FILHO 2, brasileiro, profissão, casado no regime de comunhão parcial de bens, nascido em xx de xxxxxx de mil novecentos e xxxxxxxxxx, na cidade de xxxxxxxx, estado de São Paulo, portador da cédula de identidade RG n. xxxxxxxx, expedida pela SSP-SP, e CPF n. xxxxxxxxxxx, residente e domiciliado na Rua xxxxxxxxxx, xxx – Centro – xxxxxx – SP, CEP: xxxxxxxxxx.

FILHA 1, brasileira, profissão, casada no regime de comunhão parcial de bens, nascida em xx de xxxxxx de mil novecentos e xxxxxxxxxx, na cidade de xxxxxxxx, estado de São Paulo, portadora da cédula de identidade RG n. xxxxxxxx, expedida pela SSP-SP, e CPF n. xxxxxxxxxxx, residente e domiciliado na Rua xxxxxxxxxx, xxx – Centro – xxxxxx – SP, CEP: xxxxxxxxxx.

Têm entre si, justo e contratado, a constituição de uma sociedade empresária, sob o tipo jurídico de sociedade limitada, nos termos da lei vigente, que se regerá pelas cláusulas e condições seguintes e, nas omissões, pela legislação específica que disciplinas essa forma societária e rege de acordo com a Lei n. 10.406/2002 (Código Civil).

CAPÍTULO I
DA DENOMINAÇÃO, OBJETO E SEDE

Artigo 1º – A sociedade girará sob a denominação de **FELICIDADE PARTICIPAÇÕES E ADMINISTRAÇÃO DE BENS PRÓPRIOS LTDA.**

Artigo 2º – O objeto da sociedade será:

a) Gestão de participações societárias em outras empresas, *holding* **não instituição financeira**;
b) A administração de bens imóveis próprios, aluguéis de bens imóveis próprios residenciais e não residenciais, loteamento de imóveis próprios; e
c) Compra e venda de bens imóveis próprios.

PARÁGRAFO ÚNICO

A sociedade poderá explorar outros ramos que tenham afinidade com o objeto expresso na cláusula segunda.

Artigo 3º – A sociedade tem sua sede na cidade de XXXX, estado de São Paulo, na Rua XXXXXXXXXX, XXX – Centro – XXXXX – SP, CEP: XXXXXX, podendo os sócios abrir, manter e fechar filiais ou sucursais em qualquer ponto do território nacional, e ainda constituir, adquirir ou participar de outras sociedades, observadas as disposições legais deste instrumento.

CAPÍTULO II
DO CAPITAL SOCIAL

Artigo 4º – O capital social é de R$ 3.026.000,00 (três milhões e vinte e seis mil reais), subscrito e integralizado, sendo R$ 442,93 (quatrocentos e quarenta e dois reais e noventa e três centavos) em moeda corrente do país e R$ 3.025.557,07 (três milhões, vinte e cinco mil, quinhentos e cinquenta e sete reais e sete centavos) formado pelos bens imóveis do usufrutuário, **PAI, e de sua esposa, MÃE**, divididos em 3.026.000 (três milhões e vinte e seis mil) cotas no valor nominal de R$ 1,00 (um real) cada uma e distribuído da seguinte maneira:

Sócios	Cotas	Valor (R$)
FILHO 1	1.008.667	1.008.667,00
FILHO 2	1.008.667	1.008.667,00
FILHA 1	1.008.666	1.008.666,00
TOTAL	3.026.000	3.026.000,00

Os bens imóveis transferidos pelo usufrutuário **PAI e por sua esposa, MÃE** são os seguintes:

1) **TERRENO à RUA XXXXXX**, nesta cidade, com as seguintes medidas e confrontações: 21,50 metros de frente para a Rua XXX; 32 metros do lado que confronta com a casa n. 6 de propriedade de XXXXXX; 18,50 metros com a Rua XXXXXXXXXXX; e 32 metros do lado que confronta com propriedade do espólio de XXXXXXXXXX. Cf. Av. 2/24.XXX foi edificado, anterior a 19XX, **UM PRÉDIO RESIDENCIAL**, com 132 m², o qual recebeu o n. XX, da Rua XXXXXXXXXXXXX. Cf. Av. 13/24.XXX em XX de janeiro de 20XX, nos termos do inciso II, art. 213, da Lei n. 6.015/1973, alterada pela Lei n. 10.931/2004, por requerimento do proprietário subscrito nesta cidade, aos XX/09/20XX, instruído com memorial descritivo e planta subscrita pelo titular do imóvel, pelos titulares dos imóveis confinantes, pela Prefeitura XXXXXXXXXXXXXXXXXXXX, que o terreno objeto desta possui a superfície de 674,16 metros e tem as seguintes medidas e confrontações: inicia-se no marco M1, fazendo frente para a Rua XXXXX, medindo 20,767 metros com azimute 217º07'23", até atingir o marco M2; deflete à direita na distância de 32,275 metros, com azimute 125º34'34", até atingir o marco M3, confrontando com XXXXXXXXXX, sucessor de XXXXXXXXXXXXXXX (matrícula n. XXXXX); deflete à direita na distância de 3,264 metros, com azimute de 32º56'12", até atingir o marco M4; pequena deflexão à direita na distância de 0,84 metro, com azimute

de 40º06'20", até atingir o marco M5; pequena deflexão à direita na distância de 6,595 metros, com azimute de 34º38'28", até atingir o marco M6; pequena deflexão à direita na distância de 2,536 metros, com azimute de 34º57'17", até atingir o marco M7; pequena deflexão à direita na distância de 8,349 metros, com azimute de 35º05'31", até atingir o marco M8, confrontando com a Rua XXXXXXXXX; deflete à direita na distância de 2,513 metros, com azimute de 121º06'43", até atingir o marco M9; pequena deflexão à esquerda na distância de 6,266 metros, com azimute de 123º09'38", até o marco M10; pequena deflexão à esquerda na distância de 5,434 metros, com azimute de 125º39'56", até atingir o marco M11; pequena deflexão à direita na distância de 7,167 metros, com azimute de 124º22'30", até atingir o marco M12; pequena deflexão à esquerda na distância de 9,621 metros, com azimute de 124º28'09", até atingir o marco M13; pequena deflexão à esquerda na distância de 0,427 metro, com azimute de 132º21'14", até atingir o marco M1, confrontando com XXXXXXXXXXXXX, sucessor do espólio de XXXXXXXXXXXX, início desta descrição, fechando assim o perímetro. Conforme matrícula n. 24.XXXX, do Registro de Imóveis XXXXXXX – SP. **VALOR: R$ 910.821,33.**

2) **UNIDADE AUTÔNOMA N. 33**, modelo TIPO, localizada no Xº pavimento, ou Xº andar, do empreendimento denominado "**CONDOMÍNIO XXXXXXXXXXXXXXXX**", situado na Avenida XXXXXXX, n. XXX, e Rua XXXXXXX, n. XXX, nesta Cidade e Comarca XXXXXXX-SP, contendo: sala, sala de TV, lavabo, cozinha, lavanderia, banheiro de serviço, varanda, quatro dormitórios, dois banheiros e duas vagas determinadas pelo número da unidade na garagem comum do empreendimento, com área privativa de 149,00 m², área comum de 120,6730 m², área de garagem de 26 m² e área total de 295,6730 m², correspondendo-lhe uma fração ideal de 1,9380% no terreno e demais coisas comuns do empreendimento. Conforme matrícula n. 28.XXXX, do Registro de Imóveis de XXXXXXXX – SP. **VALOR: R$ 82.756,00.**

3) **APARTAMENTO N. 84**, modelo TIPO, localizado no XXº pavimento, ou Xº andar, do empreendimento denominado "XXXXXXXXXXXXX", situado na XXXXXXXXX, n. XXXXX, e Rua XXXXXXXXXXX, n. XXXXXX, nesta Cidade e Comarca de XXXXXXXXXX-SP, contendo: sala, sala de TV, lavabo, cozinha, lavanderia, banheiro de serviço, varanda, quatro dormitórios, dois banheiros e duas vagas determinadas pelo número da unidade na garagem comum do empreendimento, com área privativa de 149 m², área comum de 120,6730 m², área de garagem de 26 m² e área total de 295,6730 m², correspondendo-lhe uma fração ideal de 1,9380% no terreno e demais coisas comuns do empreendimento. Conforme matrícula n. 28.XXXX, do Registro de Imóveis de XXXXXXXXXX – SP. **VALOR: R$ 55.000,00.**

4) **CASA RESIDENCIAL**, da Rua XXXXXXX, com 147,04 m², constituído de residência com 96,79 m², edícula com 34 m² e garagem com 16,25 m², e respectivo terreno, identificado com o lote n. 01 da XXXXXXXXXXXX, nesta Cidade e Comarca de XXXXXXXX – SP, medindo 338 m², ou seja: 10 metros de frente para a Rua

XXXXXXXXXXXXX; 33,80 metros do lado que divide com XXXXXXXXXX; 33,80 metros do outro lado, divisando com XXXXXXXXXXXXX; e 10 metros no fundo, confrontando-se com XXXXXXXXXXXXXXX. Conforme matrícula n. 28.XXX, do Registro de Imóveis de XXXXXXX – SP. **VALOR: R$ 25.000,00.**

5) UM TERRENO, situado nesta cidade, medindo 11,90 metros de frente por 48,20 metros da frente aos fundos, em que mede 9,50 metros e confronta-se na frente com a Rua XXXXXXXXX; nos fundos, com a Rua XXXXXXXXX; de um lado com a Rua XXXXXXXXXX e, do outro lado, com XXXXXXXXX, contendo como benfeitorias uma casa com frente para a Rua XXXXXXXXXXX, n. XXX, esquina da Rua XXXXXXXXXX, de tijolos e telhas, com 8 cômodos e corredor, com 3 portas e 2 janelas de frente; uma casa de morada, com frente para a Rua XXXXXXXXX, esquina da Rua XXXXXXXXXXXX, de tijolos e telhas, com 5 cômodos, corredor e um barracão, servindo de garagem ao lado, com duas portas, sendo uma de aço e 3 janelas de frente; e dois barracões, construídos entre as duas casas suprarreferidas, de tijolos e telhas, medindo um deles 4,50 x 15,40 e o outro 3,50 x 7,00 metros, forrados e ladrilhados. Conforme matrícula n. 1XXXXX, do Registro de Imóveis de XXXXXXX – SP. **VALOR: R$ 30.000,00.**

6) UM TERRENO, com área de 40.000 m², situado no Bairro do XXXXXXXXXXXX, desta Cidade e Comarca de XXXXXXXXXX-SP, identificado com XXXXXXXXX, parte do imóvel denominado "XXXXXXXXXXX", assim descrito e caracterizado: inicia no ponto 0X, localizado no km XXXXX metros da Rodovia XXXXXXXXXX, com azimute de 273º45'15" e 25,17 metros, até o ponto 02; daí, deflete à direita e segue na confluência XXXXXXXXXXXX, por uma curva de raio de 6 metros e comprimento de 7,35 metros, azimute de 308º51'33" e distância de 6,90 metros até o ponto 03; daí, segue confrontando com a XXXXXXXXXXXXXXXX, com azimute 343º57'41" e 104,61 metros até o ponto 3-A; daí, deflete à direita e segue com azimute 93º23'21" XXXXXXXXXXX, início da descrição, encerrando a área, contendo como benfeitorias uma casa com área de frente e abrigo, barracão e despejo, totalizando 211,16 m² de área construída. Conforme matrícula n. 35.XXX, do Registro de Imóveis de XXXXXXXXXXXX – SP. **VALOR: R$ 1.000.000,00.**

7) APARTAMENTO no pavimento inferior do **BLOCO X** do "XXXXXXXXXXX", sito na Rua XXXXXXX, XXXXXXXXXXXXXXXXX, nesta Cidade e Comarca XXXXXXXXX, contendo dois dormitórios, banheiro, sala com varanda, cozinha, área de serviço e uma vaga de garagem acessória, localizada na área de estacionamento no pavimento térreo do empreendimento, com área privativa de 56,51 m², área comum de 21,44993 m², vaga de estacionamento acessória descoberta n. 16 de 9,40 m², área total de 87,3599 m² e fração ideal do terreno e demais coisas comuns de 3,571%. Conforme matrícula n. 35.XXX, do Registro de Imóveis de XXXXXXXXX – SP. **VALOR: R$ 91.979,74.**

8) CASA N. 52, do loteamento denominado "XXXXXXXXXX", situado no Bairro do XXXXXX, perímetro urbano, deste Município e Comarca de XXXXXXXXXXXX-SP, com área de 261,79 m², assim descrito: mede 10 metros de frente em linha reta para a Avenida XXXXXXX; do lado direito de quem da avenida olha para o imóvel, mede 25,82 metros, confrontando com o lote XX; do lado esquerdo mede 26,54 metros, confrontando com o lote XX; e nos fundos mede 10,03 metros, confrontando com XXXXXXXXXXXXX. Cf. Av. 4/31.XXX, por requerimento, subscrito em XXXXXXXXX SP, aos XX/XX/20XX, procede-se a presente para constar que no terreno desta matrícula foi edificado um prédio residencial com 272,46 m² de área construída (pav. Térreo – casa = 112,23 m², pav. Térreo – varanda = 10,52 m², pav. Superior – casa = 8,52 m², pav. Superior – varanda = 6,25 m², pav. Inferior 1 – casa = 40,28 m², pav. Inferior 1 – garagem = 63,48 m² e pav. Inferior 2 = 31,18 m²), que recebeu o número XXXX da Avenida XXXXX. Conforme matrícula n. 31.XXXX, do Oficial de Registro de Imóveis de XXXXXXXXXXXXX. **VALOR: R$ 430.000,00.**

9) LOTE DE TERRENO N. 1, do "**LOTEAMENTO XXXXXXXXXX**", no Bairro do XXXX, deste Município e Comarca, destinado a uso residencial, assim descrito e caracterizado: inicia-se no alinhamento predial da "Rua XX", medindo 26,12 m (vinte e seis metros e doze centímetros) de frente para a mencionada rua em dois segmentos: o primeiro em curva de raio 11,50 m e desenvolvimento de 23,66 m (vinte e três metros e sessenta e seis centímetros) e o segundo em curva de raio 9 m e desenvolvimento de 2,46 m (dois metros e quarenta e seis centímetros); 31 m (trinta e um metros) do lado direito de quem da rua contempla o terreno, em que confronta com o "XXXXXXXX" do loteamento XXXXXXXXXXX, matrícula n. 20.XXX de propriedade da XXXXXXXXXXXXXXXXXX, e 0,66 m (sessenta e seis centímetros) em que confronta com o "Lote n. XX"; 23,54 m (vinte e três metros e cinquenta e quatro centímetros) do lado esquerdo, em que confronta com o "Lote n. XX"; e 11,43 m (onze metros e quarenta e três centímetros) nos fundos, em que confronta com a "Área Verde" do loteamento "XXXXXX", encerrando o perímetro a área superficial de 341,27 m² (trezentos e quarenta e um metros quadrados e vinte e sete decímetros quadrados). Conforme matrícula n. 42.XXX, do Cartório de Registro de Imóveis de XXXXXXXXXX – SP. **VALOR: R$ 200.000,00.**

10) LOTE DE TERRENO N. 2, do "**LOTEAMENTO XXXXXXXXXX**", no Bairro do XXX, deste Município e Comarca, destinado a uso residencial, assim descrito e caracterizado: inicia-se no alinhamento predial da "Rua XX", medindo 11,29 m (onze metros e vinte e nove centímetros) de frente para a mencionada rua em dois segmentos: o primeiro em reta na extensão de 6,08 m (seis metros e oito centímetros) e o segundo em curva de raio 9 m e desenvolvimento de 5,21 m (cinco metros e vinte e um centímetros); 23,54 m (vinte e três metros e cinquenta e quatro centímetros) do lado direito de quem da rua contempla o terreno, em que confronta com o "Lote n. XX"; 25 m (vinte e cinco metros) do lado esquerdo, em que confronta com o "Lote n. 41"; 11 m (onze metros) nos fundos, em que confronta com a "Área Verde" do loteamento "XXXXXXX", encerrando o perímetro a área superficial de 272,68 m² (duzentos e setenta e dois metros quadrados e sessenta e oito decímetros quadrados). Conforme matrícula n. 42.XXX, do Cartório de Registro de Imóveis de XXXXXXXXX – SP. **VALOR: R$ 200.000,00.**

Artigo 5º – A Sra. **MÃE**, já qualificada, casada sob o regime de comunhão universal de bens com **PAI, assina o presente instrumento, dando sua outorga uxória**, para esta integralização do capital social, prevista no artigo 1.647, I, do Código Civil.

Artigo 6º – Todos os sócios concordam expressamente com os valores atribuídos aos bens entregues para a integralização da constituição de capital social pelo sócio **PAI por sua esposa, MÃE**, dispensando a exigência de prévia avaliação.

Artigo 7º – A posse dos imóveis é transmitida, neste ato, para a sociedade.

Artigo 8º – Nos termos do art. 142 do Decreto n. 9.580/2018, combinado com o art. 23 da Lei n. 9.249/95, a transferência dos bens pelo sócio **PAI e por sua esposa, MÃE**, para a integralização do capital social, ocorre pelo valor constante das Declarações de Bens e Direitos integrantes das Declarações do Imposto de Renda da Pessoa Física – Exercício 2024, ano-calendário 2023, não gerando ganho de capital.

Artigo 9º – O prazo de duração da sociedade será por tempo indeterminado, extinguindo-se por vontade unânime dos sócios e nos casos previstos em Lei.

Artigo 10 – **PAI e sua esposa, MÃE,** permanecem com o usufruto vitalício das cotas.
Parágrafo 1º – No caso de falecimento do doador e usufrutuário **PAI**, fica estipulado, desde já, que o presente benefício do usufruto passa imediatamente para sua esposa **MÃE**, acima qualificada, continuando ainda gravadas as cotas com incomunicabilidade, inalienabilidade e impenhorabilidade na forma da lei civil, conforme alteração contratual e redistribuição de cotas.
Parágrafo 2º – No caso de falecimento da doadora e usufrutuária **MÃE**, fica estipulado, desde já, que o presente benefício do usufruto passa imediatamente para seu esposo **PAI**, acima qualificado, continuando ainda gravadas as cotas com incomunicabilidade, inalienabilidade e impenhorabilidade na forma da lei civil, conforme alteração contratual e redistribuição de cotas.

Artigo 11 – As cotas da sociedade ficam gravadas com incomunicabilidade, inalienabilidade, impenhorabilidade na forma da lei civil, não podendo ser liquidadas mediante requerimento de credores dos sócios.

Artigo 12 – As cotas de capital não se comunicam com os cônjuges dos sócios donatários, por estarem excluídas da comunhão, de acordo com o inciso I do artigo 1.659 da Lei n. 10.406/2002 – Código Civil brasileiro, por tratar-se de doação e sucessão.

Artigo 13 – A responsabilidade dos sócios é limitada ao valor de suas cotas, respondendo solidariamente pela integralização do capital social, de acordo com o artigo 1.052 da Lei n. 10.406, de 10 de janeiro de 2002.

Artigo 14 – As cotas de capital são indivisíveis em relação à sociedade e cada cota dará direito a um voto nas reuniões da sociedade.

Artigo 15 – Poderá haver aumento ou redução do capital social observado o seguinte:
§ 1º – No caso de aumento do capital, os sócios realizarão reunião e terão preferência para participar dele, na proporção das cotas de que sejam titulares, quando será processada a alteração do Contrato Social;
§ 2º – A redução do Capital processar-se-á nos seguintes termos:
a) Quando houver perdas irreparáveis, será realizada com a diminuição proporcional do valor nominal das cotas;
b) Se o valor for excessivo em relação ao objeto da sociedade, ele será restituído aos sócios na proporção nominal das cotas.

Artigo 16 – No caso de falecimento de qualquer donatário, as cotas retornam ao doador usufrutuário, sem qualquer ônus.

CAPÍTULO III
DA ADMINISTRAÇÃO

Artigo 17 – A administração da sociedade cabe ao sócio **PAI, de forma isolada**, com poderes e atribuições de representá-la ativa, passiva, judicial e extrajudicialmente, sempre na defesa dos interesses sociais, sendo de única e exclusiva competência os negócios patrimoniais, trabalhistas, previdenciários, tributários, financeiros, comerciais e todos os demais atos necessários à gestão da sociedade, respondendo, quando for o caso, pelos excessos que vier a cometer, autorizado o uso do nome empresarial, vedado, no entanto, em atividades estranhas ao interesse social ou assumir obrigações em favor de qualquer dos quotistas ou de terceiros. Todavia, poderá onerar ou alienar bens imóveis da sociedade, sem autorização dos sócios, continuando com a necessidade de anuência e outorga, para esses fins, da Sra. **MÃE**.

Parágrafo Único: em caso de impossibilidade, por qualquer razão, inclusive falecimento, de o administrador continuar a exercer esses poderes, a administração e representação da sociedade continuará, e será exercida, pela sócia anuente **MÃE**.

Artigo 18 – O uso da firma será feito pelo administrador, isoladamente e exclusivamente para os negócios da própria sociedade.

Artigo 19 – Pelo exercício da administração, o administrador poderá estipular, por meio de reunião anual de sócios, uma retirada mensal, a título de PRÓ-LABORE.

Artigo 20 – Caberá ao administrador da sociedade a decisão de nomeação dos representantes da sociedade nas empresas coligadas, controladas ou em que participe de alguma forma.

CAPÍTULO IV
DAS REUNIÕES DOS SÓCIOS QUOTISTAS E DO *QUÓRUM*

Artigo 21 – As Reuniões dos Sócios Quotistas serão convocadas pelo sócio administrador, pelo administrador contratado ou pelos sócios que representem a maioria do capital social, mediante convocação por escrito ou verbal, constando este fato na respectiva ata, e realizadas:
a) obrigatoriamente:
vii) para aprovação das contas da administração;
viii) designação do administrador quando este não fizer parte da sociedade;
ix) destituição dos sócios administradores ou administrador contratado;
x) Incorporação, fusão e dissolução da sociedade ou cessação do estado de liquidação;
xi) nomeação e destituição dos liquidantes e o julgamento de suas contas;
xii) pedido de concordata.
b) facultativamente:
sempre que os sócios que detêm a maioria do capital social julgarem necessário.
Parágrafo Único: as atas das reuniões serão lavradas em livro próprio, cabendo aos sócios designar entre eles o Presidente e Secretário da reunião.

Artigo 22 – Em relação aos atos e decisões a serem tomadas nas reuniões dos sócios quotistas, deverão ser observados os seguintes *quóruns* para a validade das decisões tomadas:
i) para a reunião dos sócios quotistas: maioria do capital social;
ii) para alteração do Contrato Social: ¾ do capital social;
iii) para incorporação, fusão, dissolução da sociedade ou cessação do estado de liquidação: ¾ do capital social;
iv) para designação do administrador, sua demissão, fixação de remuneração e pedido de concordata: mais da metade do capital social;
v) maioria de votos dos presentes nos demais casos não constantes dos itens I a IV do presente artigo.

Artigo 23 – Todas as deliberações da sociedade, inclusive as matérias constantes do artigo 1.071 do Código Civil, somente serão consideradas como aprovadas se assim o forem pela vontade do administrador usufrutuário.

Parágrafo Único: não havendo mais o usufruto, as decisões serão consideradas aprovadas pela vontade dos sócios.

CAPÍTULO V
DO EXERCÍCIO SOCIAL E DESTINAÇÕES DE LUCROS E PERDAS

Artigo 24 – O exercício social terminará em 31 de dezembro de cada ano, quando serão levantados o respectivo Balanço Patrimonial e a Demonstração de Resultado do Exercício.

Artigo 25 – Os lucros ou prejuízos apurados serão distribuídos ou suportados pelos sócios, podendo ser realizado de forma **desproporcional** em relação à participação no capital, cabendo essa decisão aos sócios administradores. Os sócios desde já reconhecem a validade desta condição que é justificada como mecanismo de retribuição a cada sócio que colaborou com seu trabalho pessoal para a formação do resultado auferido pela sociedade, independentemente de eventual pagamento de "pró-labore".

§ 1º – No transcorrer do exercício, havendo lucros apurados em balanços intermediários ou balancetes, poderão ser eles distribuídos aos sócios na proporção de suas cotas de capital, como antecipação.

§ 2º – Se no encerramento final do balanço os lucros forem inferiores aos retirados como antecipação, caberá aos sócios a devolução, para a sociedade, da parte excedente nas mesmas proporções do § 1º.

CAPÍTULO VI
DA RETIRADA E EXCLUSÃO DE SÓCIOS

Artigo 26 – As cotas da sociedade serão indivisíveis e não poderão ser cedidas ou transferidas sem o expresso consentimento dos sócios, cabendo, em igualdade de preços e condições, o direito de preferência aos sócios que queiram adquiri-las, no caso de algum sócio pretender ceder as que possui.

Artigo 27 – É vedado aos sócios caucionar ou dar suas cotas em garantia, seja a que título for.

Artigo 28 – Se qualquer dos sócios desejar se retirar da sociedade, deverá comunicar sua intenção aos demais por escrito, especificando o preço da oferta e as condições de pagamento, e concedendo prazo de 180 (cento e oitenta) dias para manifestação.

Artigo 29 – Neste caso, se qualquer sócio desejar retirar-se da sociedade, é assegurado o direito personalíssimo e exclusivo de preferência ao sócio, que poderá exercê-lo pagando um valor nominal da cota que constar no Contrato Social, reavaliado a valor de mercado vigente à época da retirada em 120 (cento e vinte) parcelas mensais, iguais e sucessivas, com acréscimos legais, não estando sujeito, portanto, a igualar ofertas de terceiros. O prazo aqui mencionado pode ser modificado em comum acordo das partes.

Artigo 30 – Os sócios poderão deliberar em reunião de sócios, excluírem da sociedade, por justa causa, os sócios que estejam pondo em risco a continuidade da empresa, devendo ser apurados os respectivos haveres através de demonstrações contábeis da sociedade na data do evento, reavaliado a valor de mercado vigente à época. Nessa hipótese de exclusão de sócios, será levantado um Balanço Patrimonial na data da saída, e com base nestas demonstrações contábeis será apurado o quinhão do sócio, que será reembolsado em 120 (cento e vinte) prestações mensais, iguais e sucessivas, com acréscimos legais.

CAPÍTULO VII
DO *AFFECTIO SOCIETATIS*

Artigo 31 – Falecendo qualquer sócio, a sociedade continuará suas atividades normalmente com os sócios remanescentes. A sociedade é fundada sobre o princípio do **AFFECTIO SOCIETATIS**, que deve estar presente obrigatoriamente em relação a todos os sócios, uma vez que é fundamental à sobrevivência da sociedade e de seu desiderato. Por essa razão, não será admitido, em nenhuma hipótese, o ingresso de eventuais sucessores, seja a que título for, sem o expresso consentimento de todos os sócios remanescentes, a quem caberá, exclusivamente, a decisão de admitir na sociedade pessoas estranhas ao quadro societário.

Artigo 32 – Na presença de eventuais sucessores, que não obtiveram consentimento de admissão na sociedade, será levantado um Balanço Patrimonial na data desse evento, e com base nessas demonstrações que se basearão exclusivamente nos valores contábeis, será apurado o quinhão respectivo, reavaliado a valor de mercado vigente à época, que será reembolsado em 120 (cento e vinte) prestações mensais, iguais e sucessivas, sem acréscimos de quaisquer valores, mesmo a título de juros, justificando-se esse prazo para não colocar em risco a sobrevivência da sociedade.

Artigo 33 – A sociedade não se dissolverá pela morte, incapacidade, retirada de sócio quotista, nem por sua exclusão. Também não haverá dissolução da sociedade mesmo que remanesça um único sócio, continuando, nesta hipótese, com o sócio remanescente pelo prazo máximo de 180 (cento e oitenta) dias, como faculta o inciso IV do artigo 1.033 da Lei n. 10.406/2002.

CAPÍTULO VIII
DAS DISPOSIÇÕES FINAIS

Artigo 34 – Os administradores declaram, sob as penas da Lei, que não estão impedidos de exercer a administração da sociedade, por Lei especial, nem condenados à pena que vede, ainda que temporariamente, o acesso a cargos públicos; ou por crime falimentar de prevaricação, peita ou suborno, concussão, peculato, ou contra a economia popular, contra o sistema financeiro nacional, contra as normas de defesa da concorrência, contra as relações de consumo à fé pública, ou à propriedade.

Artigo 35 – As omissões ou dúvidas que possam ser suscitadas sobre o presente Contrato serão supridas ou resolvidas com base na Lei n. 10.406, de 10 de janeiro de 2002.

Artigo 36 – Fica eleito o foro desta comarca para os procedimentos judiciais referentes a este Instrumento de Contrato Social, com expressa renúncia de qualquer outro, por mais especial ou privilegiado que seja.

E, por estarem em perfeito acordo, em tudo quanto neste instrumento particular foi lavrado, obrigam-se a cumprir o presente contrato, por si e por seus herdeiros, na presença das testemunhas abaixo, em 3 vias de igual teor, para um só efeito.

Cidade-Estado, xx de xxxxxxxx de 2024.

_____
PAI

_____
FILHO 1

_____
FILHO 2

_____
FILHA 1

Outorgante anuente:

_____
MÃE

Testemunhas:

_____ _____

VISTO: ADVOGADO

Agora é aguardar o registro na Junta Comercial e pronto! A *holding* termina – no que diz respeito ao planejamento inicial, claro.

É preciso não se esquecer de fazer os ajustes no Imposto de Renda da Pessoa Física dos pais e dos filhos. *Vide* Capítulo 7, *Como fica o Imposto de Renda da Pessoa Física?*, para o roteiro completo.

Além disso, é necessário fazer a contabilização inicial da *holding* com a devida classificação dos imóveis. Para isso, *vide* Capítulo 8, *Aspectos Contábeis e Tributação da* Holding.

Por fim, recomenda-se que durante todo o processo você faça um arquivo físico e um digital de toda documentação da *holding*, desde a primeira reunião, a constituição, os requerimentos de imunidade, o ITCMD, os registros, até o Contrato Social final. É fundamental que você faça uma reunião com o fundador e com a família para entregar esses arquivos e, assim, concluir o seu trabalho.

Desejamos a você todo o sucesso!

REFERÊNCIAS

COLÉGIO NOTARIAL DO BRASIL. *Tabelas de Custas e Emolumentos Padrão*. Disponível em: https://cnbsp.org.br/tabelas-de-custas-e-emolumentos/. Acesso em: nov. 2023.

OAB SÃO PAULO. *Tabela de Honorários Advocatícios 2024*. Disponível em: https://www.oabsp.org.br/servicos/tabelas/tabela-de-honorarios/. Acesso em: nov. 2023.

REGISTRADORES. Disponível em: https://registradores.onr.org.br/. Acesso em: nov. 2023.

REGISTRO DE IMÓVEIS DO BRASIL. Disponível em: https://www.registrodeimoveis.org.br/. Acesso em: nov. 2023.

SÃO PAULO. Lei n. 10.705, de 28 de dezembro de 2000. Dispõe sobre a instituição do Imposto sobre Transmissão "*Causa Mortis*" e Doação de Quaisquer Bens ou Direitos – ITCMD. Disponível em: https://legislacao.fazenda.sp.gov.br/Paginas/lei10705.aspx. Acesso em: nov. 2023.

SÃO PAULO. Secretaria da Fazenda. *ITCMD – Imposto de Transmissão Causa Mortis e Doação*. Disponível em: https://www10.fazenda.sp.gov.br/ITCMD_DEC/Default.aspx. Acesso em: nov. 2023.

Índice Alfabético

A

Administração, 25, 92
Affectio societatis, 28, 82, 95
Agilidade no processo de sucessão, 124
Ajustes nas declarações de imposto de renda pessoa física, 100
Aspectos contábeis, 107
Ativo
   Circulante, 108, 110, 111, 113
   imobilizado, 114
   mantido para Distribuição, 111
   mantido para Venda, 110
   não Circulante, 109, 110, 114
Autenticidade, 44

B

Balanço Patrimonial, 34, 36

C

Cálculos da *holding*, 126
Capital social, 21, 88
Classificação contábil, 108
Cláusulas de sucessão, 80
Concessão da outorga uxória da mãe, 74
Consolidação do Contrato Social, 87
Contrato Social inicial, 17
Contribuição social, 119
Cronograma para elaboração da *holding*, 131
Custo de uma *holding*, 125

D

Declaração
   da reserva de usufruto, 76
   de ITCMD, 75
   dos herdeiros, 104
Demonstração do Resultado do Exercício, 34, 36
Demonstração das Mutações do Patrimônio Líquido, 34, 36
Denominação, 20, 88
Destinações de lucros e perdas, 27, 94
Direito
   das sucessões, 7
   patrimonial, 6
Disposições finais, 29, 96
Distribuição de lucros, 15
Doação, 7
   das cotas da *holding*, 65, 66, 79
      exemplo prático, 68
      processo, 66

vantagens, 65
dos bens em vida, 124
e usufruto, 80

E

Efeito fiscal da classificação, 116
EIRELI de Natureza
    Empresária, 11
    Simples, 11
Elaboração
    da declaração do ITCMD, 155
    da *holding*, 133, 138
Estabelecimento do usufruto vitalício para pai e mãe, 74
Estoque(s), 108, 113
Estudo
    de custos, 125
    e orientação para elaboração da *holding*, 123
Exercício social, 27, 94

G

Gestão dos bens pela *holding*, 124
Guias de recolhimento, 75

H

Holding familiar, 2, 5, 7, 8
    cálculos da, 126
    cronograma para elaboração da, 131
    custo de uma, 125
    doação das cotas da, 65, 66, 67, 79
    elaboração da, 133, 138
    gestão dos bens pela, 124
    obrigações acessórias da, 15, 118
    receitas da, 12
    tributação da, 107

I

Imobilizado, 110
Imóveis no Contrato Social, 49
Impenhorabilidade, 82
Imposto, 31, 32, 55, 99, 120
   de Renda, 120
      da Pessoa Física, 99
   de Transmissão
      Causa Mortis e Doação, 55
      de Bens Imóveis, 31
Imunidade do Imposto de Transmissão de Bens Imóveis, 39
Inalienabilidade, 82
Incomunicabilidade, 75, 81
Instituição de cláusulas
   de incomunicabilidade com os cônjuges dos filhos, 75
   de sucessão familiar, 75
Investimentos, 109

L

Locação, 113, 115
Lucros apurados, 117

M

Minuta
   de alteração contratual da *holding*, com a doação das cotas, 157
   inicial, 139
Modelo de requerimento
   de imunidade, 39
   de registro, 52

N

Natureza jurídica, 10

O

Objeto, 20, 88
Obrigações acessórias, 15, 118
Outorga uxória, 81

P

Participações, 19
Pedido de imunidade do ITBI, 149
Planejamento sucessório, 5
Preâmbulo, 19, 84
Processo de registro de imóveis, 45
Propriedade para investimentos, 114
Publicidade, 44

Q

Quórum, 26, 93

R

Receitas da *holding*, 12
Registro de imóveis, 43, 44
Regras ITCMD – Estado de São Paulo, 67
Requerimento de registro, 154
Retirada e exclusão de sócios, 27, 94
Reuniões dos sócios quotistas, 26, 93

S

Sede, 20, 88
Segurança jurídica, 44
Sociedade
    Anônima
        Aberta, 10
        Fechada, 11
    Empresária Limitada, 11
    Simples Limitada, 11

Sócios, 15
Sucessão familiar, 5, 75

T

Tema 796 do Supremo Tribunal Federal, 36
Testamento, 7
Tributação
    da *holding*, 107
    de aluguéis e vendas, 112

U

Usufruto, 12

V

Valor
    do Imposto de Renda dos Bens, 127, 128
    do registro dos imóveis, 45
    venal, 127, 128
Venda de imóvel, 113, 114
Venda/locação, 113, 115